natürlich oekom!

Mit diesem Buch halten Sie ein echtes Stück Nachhaltigkeit in den Händen. Durch Ihren Kauf unterstützen Sie eine Produktion mit hohen ökologischen Ansprüchen:

- 100 % Recyclingpapier
- Verzicht auf Plastikfolie
- Kompensation aller CO_2-Emissionen
- kurze Transportwege – in Deutschland gedruckt

Weitere Informationen unter www.natürlich-oekom.de und #natürlichoekom

Bibliografische Information der Deutschen Nationalbibliothek: Die Deutsche Nationalbibliothek verzeichnet diese Publikation in der Deutschen Nationalbibliografie; detaillierte bibliografische Daten sind im Internet über http://dnb.d-nb.de abrufbar.

oekom – Gesellschaft für ökologische Kommunikation mbH
Goethestraße 28, 80336 München

Wissenschaftliche Begleitung: Dr. Gerhard Reese
Layout, Satz und Infografiken: Andreas Bauermeister, Weimár Illustrationen: Verena Herbst, Leipzig

Druck: Esser printSolutions GmbH, Ergolding
Dieses Buch wurde auf 100%igem Recyclingpapier gedruckt.

ISBN 978-3-86581-799-0

Karen Hamann, Anna Baumann, Daniel Löschinger

Psychologie im Umweltschutz

Handbuch zur Förderung nachhaltigen Handelns

Inhaltsverzeichnis

Vorwort der Autorin

Liebe Leserinnen und Leser,
nach einem halben Jahr Freiwilligendienst in Costa Rica bin ich mit vielen Eindrücken zurückgekommen, die mir Motivation geben, mich für eine nachhaltige Welt einzusetzen. Ich habe Flüsse gesehen, die seit mehreren Jahren oberflächlich austrocknen. Neugepflanzte Bäume, die sich wegen der trockeneren Regenzeit in dürre, absterbende Äste verwandeln. Schildkröten, die einen weiten und gefährlichen Weg hinter sich haben – vorbei an Schiffsnetzen und im Wasser schwimmenden Plastiktüten – und deren Brutstätten, wenn sie den Strand schließlich erreichen, oftmals von Menschen geplündert werden. Wunderbare Strände, die durch riesige Mengen an Plastikflaschen und alten Schuhen ihre Schönheit und Bewohnbarkeit verlieren. All das machte mir eines mehr als deutlich: Es ist an der Zeit für eine umweltgerechtere Welt!

Viele Umweltproblematiken waren mir jedoch bereits aus Deutschland bekannt: Verschmutzte Bäche; überfüllte Müllcontainer an Einkaufsketten; Verkehrsinfrastrukturen, die Autos den Menschen vorziehen; Massentierhaltung versteckt hinter Mauern und weitab vom öffentlichen Blick; ein steigender Energieverbrauch und Konsum auf Kosten der natürlichen Umwelt – das und mehr findet sich direkt vor der eigenen Haustür. Weitet sich der Blick ein wenig, kommen die vielen Menschen in Ländern des *Globalen Südens*+ hinzu, die durch den Lebensstil und steigenden Wohlstand unserer Industrienation ihr Zuhause, ihren Lebensstandard und im schlimmsten Fall ihr eigenes Leben verlieren. So können wir jeden Tag die weitreichenden Auswirkungen menschlichen Handelns auf unsere Erde und den Menschen selbst wahrnehmen.

\+ *»Mit dem Begriff Globaler Süden wird eine im globalen System benachteiligte gesellschaftliche, politische und ökonomische Position beschrieben. Globaler Norden hingegen bestimmt eine mit Vorteilen bedachte Position. […] Während in Begriffen wie ›Entwicklungsländer‹ eine hierarchisierende, eurozentrische Vorstellung von ›Entwicklung‹ zum Ausdruck kommt, der diese Länder zu folgen hätten, wird mit dem Begriffspaar Globaler Süden bzw. Norden versucht, unterschiedliche politische, ökonomische und kulturelle Positionen im globalen Kontext zu benennen. Die Einteilung in Süd und Nord ist nur bedingt geographisch gedacht.« Entnommen von: ↗ www.glokal.org/publikationen/mit-kolonialen-gruessen*

In den Medien finden wir die genannten Eindrücke unter den Begriffen Klimawandel, weltweit steigender Ressourcenverbrauch, Artensterben, Verringerung der Biodiversität, globale soziale Ungerechtigkeit – aber wie die meisten von uns wissen, können diese Worte dem eigentlichen Geschehen nicht gerecht werden. Darum haben wir alle Eindrücke dieser oder ähnlicher Art als Anlass genommen, uns unserer Umwelt gegenüber gerechter zu verhalten und dieses Verhalten auch zu verbreiten.

Seit dem Frühjahr 2014 habe ich deshalb an dem Handbuch der Psychologie im Umweltschutz gearbeitet. Es soll engagierten Menschen Sicherheit in Bereichen geben, in denen ihre Umweltschutzmaßnahmen bereits effektiv sind. Vor allem soll es weitere Möglichkeiten aufzeigen, wie Umweltschutz sinnvoll und wirksam verbreitet werden kann. Im Sommer 2014 ist das Handbuch zum Teamprojekt geworden: Als Umweltwissenschaftlerin, mit Schwerpunkt auf Umweltkommunikation, hat sich Anna Baumann mit einer enormen Ausdauer immer wieder dem Text gewidmet und unsere Pressearbeit übernommen. Auch Daniel Löschinger brachte seine mehrjährige Erfahrung im Bereich der Umweltpsychologie, seine Gewissenhaftigkeit und Kreativität in die Textarbeit und den gestalterischen Prozess mit ein. Andreas Bauermeister hat dem Handbuch ein Design gegeben, das ein Verständnis der psychologischen Themen wesentlich erleichtert. Gemeinsam mit vielen Unterstützer*innen haben wir das Ziel unserer Crowdfunding-Kampagne innerhalb von drei Tagen erfolgreich erreicht. Verschiedenste Menschen aus der Psychologie und dem aktiven Umweltschutz haben stetig ihr Feedback und ihre Expertise eingebracht. Sie alle haben dafür gesorgt, dass ihr in diesem Moment das fertige Handbuch lesen könnt. Dafür möchte ich ihnen von ganzem Herzen danken!

Karen Hamann

Karen Hamann,
Vorstandsvorsitzende der Initiative
Psychologie im Umweltschutz (IPU) e.V.
Jena, im März 2016

Vorwort von Prof. Ellen Matthies

Es ist mir eine doppelt und dreifache Freude, zu dem vorliegenden Handbuch ein Geleitwort verfassen zu dürfen. Zum einen freut es mich, dass hier ein Handbuch verfasst wurde, dem es in beindruckender Weise gelungen ist, das Wissen der Umweltschutzpsychologie für einen interdisziplinären Kontext nachvollziehbar zu machen und für die Praxis aufzubereiten. Dabei ist nicht nur die am integrierenden Modell orientierte Strukturgebung überzeugend, sondern der gesamte Aufbau – angefangen mit der Anregung zur Formulierung der eigenen Fragen der Lesenden bis zum abschließenden Praxisleitfaden. Hier haben wir ein Handbuch, das nicht nur Wissen aufbereitet, sondern es gleichsam auch direkt nutzt und anwendet.

Zum anderen ist der Entstehungshintergrund des Handbuches ein deutlicher Beleg, dass die Umweltpsychologie erfolgreich von den jungen und engagiertesten Mitgliedern unserer Community geprägt wird. Seit mehr als 20 Jahren sind es immer wieder Studierende gewesen, die sich unbeirrt von disziplinären Grenzen und daher oft schon früher als das akademische Establishment auf neue Themen und Herausforderungen eingelassen haben. Davon zeugt auch dieses Handbuch, verfasst von Studierenden und ehrenamtlich Engagierten.

Und schließlich zeigt das Handbuch in vorbildlicher Weise nicht nur psychologische Theorie und Anwendungspotenziale, nein, es benennt auch ganz selbstverständlich die Grenzen des rein psychologischen Ansatzes, so, wie es im guten inter- und transdisziplinären Diskurs sein sollte – und eröffnet damit die wichtige Perspektive, dass alle, die sich in diesem Feld engagieren, sich immer mit dem konkreten Kontext auseinandersetzen müssen. Die Frage nach der kritischen Reflexion des eigenen Tuns, nach seiner Begründung und möglichen Wirkungen, unmittelbar und mittelbar, ist unabdingbar für alle, die sich für Nachhaltigkeit engagieren.

»Ein empfehlenswertes Handbuch für alle Engagierten und Interessierten und insbesondere für jene, die aus guten Gründen und reflektiert handeln wollen!«

Ellen Matthies,
Professorin für Umweltpsychologie
an der Otto-von-Guericke-Universität Magdeburg
Magdeburg, im März 2016

Einführung

Bei globalen ökologischen Problemen ist die Bedeutung des menschlichen Verhaltens nicht mehr wegzudiskutieren. Erreichte Energieeinsparungen und effiziente Produktion verlieren immer wieder das Rennen gegen den steigenden Energie- und Ressourcenverbrauch. Glühbirnen oder Fernseher sind sparsamer geworden, dafür lassen wir sie länger brennen oder nehmen die Geräte nicht mehr vom Netz.

Es geht längst nicht mehr nur darum, effizienter zu produzieren. Für eine ganzheitliche ökologische und soziale Nachhaltigkeit braucht es darüber hinaus Konsumreduktion, Genügsamkeit bei gleichzeitiger Zufriedenheit und einen möglichst zügigen Wandel der menschlichen Lebensstile in den industrialisierten Gesellschaften. Es geht um individuelle und kollektive Verhaltensänderung – und damit um Psychologie.

Mehrere bedeutsame Fragen drängen sich auf: Wie motivieren wir Menschen zu umweltbewusstem Verhalten? Wie kommen wir vom Wissen zum Handeln? Und wie machen wir aus Vorsätzen Taten? Mögliche Antworten aus der psychologischen Fachliteratur sind in diesem Handbuch für euch zusammengetragen. Um an einer umweltverträglichen Welt zu arbeiten, benötigen Umweltschützer*innen Wissen und Methoden, mit denen sie effektives Umweltschutzverhalten erfolgreich verbreiten und psychologische Barrieren durchbrechen können. So ist dieses kleine Handbuch entstanden – mit dem Ziel, die *Psychologie des Umweltschutzes* Umweltschützer*innen in einer wissenschaftlich fundierten und einprägsamen Weise zugänglich zu machen.

Es soll euch mit dem nötigen psychologischen Wissen ausstatten, das die Planung kleiner Projekte und großer Kampagnen erleichtert. Ihr werdet Sicherheit gewinnen in den Aktionen, die ihr bereits wirksam gestaltet. Darüber hinaus wird die Vielfalt der Maßnahmen zur Umweltschutzförderung aufgezeigt. Komplexe theoretische Zusammenhänge werden dabei praxisnah geschildert, damit ihr ungewollte Reaktionen vermeiden und eure Aktionen wirkungsvoll umsetzen könnt. Es geht hier weniger um bloße Aufklärungsarbeit zu Umweltproblematiken, sondern vielmehr um konkrete Maßnahmen zum Motivationsaufbau und zur Verhaltensänderung. Außerdem soll dieses

Handbuch zur Vernetzung zwischen Wissenschaftler*innen und Praktiker*innen beitragen. Vor allem aber soll euer Gefühl für das Denken, Fühlen und Handeln von Menschen in Bezug auf Nachhaltigkeit gestärkt werden.

Warum ist Psychologie im Umweltschutz wichtig?

Hinter der Forschung und Anwendung von Psychologie im Umweltschutz liegen mehrere Annahmen, die auch für dieses Handbuch übernommen werden:

- **Umweltprobleme sind menschengemacht.** Viele Umweltprobleme der heutigen Zeit, wie z. B. Wasser- und Luftverschmutzung oder starker Rohstoff- und Energieverbrauch, sind menschlichen Ursprungs.[64]

- **Psychologie kennt den Menschen.** Psychologie, die Lehre vom menschlichen Verhalten und Erleben, spielt eine zentrale Rolle im Umweltschutz, da sie wie keine andere Natur- oder Geisteswissenschaft menschliches Verhalten, Familienleben, Bildungsprozesse, Einstellungs-Verhaltens-Beziehungen, Gruppeneinflüsse und Entscheidungsfindung untersucht.[44]

- **Individuelles Verhalten zählt.** Nicht alle Menschen befinden sich in Positionen, in denen sie direkten Einfluss auf die Regierung oder Unternehmenspolitik nehmen können. Aber alle Menschen konsumieren, verbrauchen Energie und haben somit auch die Wahl, sich umweltbewusster zu verhalten.[57]

- **Es braucht mehr als technologischen Fortschritt.** Technologien können für sich keinen nachhaltigen Wandel schaffen. Sie müssen von Menschen übernommen und akzeptiert werden. Darüber hinaus wirkt ein wachsender Konsum den Effizienzgewinnen durch technologischen Fortschritt in vielen Fällen entgegen,was zu sogenannten *Rebound-Effekten* führt.[53] Im Beispiel gesprochen: Ich kaufe mir ein energieeffizienteres Auto. Diese Tat scheint zuerst umweltschützend. Allerdings fahre ich jetzt vielleicht umso mehr, da ich dabei ein gutes Gefühl dem Umweltschutz gegenüber habe. So gehen potentielle oder bereits erzielte Energieeinsparungen wieder verloren. Darüber hinaus hat schon die Produktion des moderneren Autos enorme Energiemengen verbraucht. Eine gesellschaftliche Veränderung hin zu suffizienteren, also genügsameren Lebensstilen ist deshalb nötig und mithilfe von psychologischem Wissen besser erreichbar.

- **Umweltschutzmaßnahmen dürfen sich nicht auf reine Wissensvermittlung beschränken.** Viele Umweltschutzaktionen haben das Ziel, eine Verhaltensänderung anzuregen. Dabei ist die häufigste Grundannahme, dass zusätzliches Wissen die gewünschte Verhaltensänderung herbeiführen könne. Wissen ist zwar meist eine gute Voraussetzung für Verhaltensänderungen – aber nicht hinreichend, da Verhalten von wesentlich mehr Faktoren beeinflusst wird. Daher ist ein komplexeres psychologisches Verhaltensmodell wichtig, das neben Wissensvermittlung weitere Motivationsfaktoren einbezieht.

Was ist Umweltschutzpsychologie?

Umweltpsychologie ist eine Disziplin, die sich mit dem Denken, Fühlen und Handeln von Individuen in ihrer Umwelt sowie mit der Wechselwirkung zwischen Mensch und Umwelt beschäftigt. Die *Umweltschutzpsychologie* ist ein Teilbereich der Umweltpsychologie. Sie wendet psychologische Theorien und Modelle, die menschliches Handeln und Erleben anhand von Einflussfaktoren erklären, auf den Bereich Umweltschutz an. Beide Begriffe werden häufig synonym verwendet.

Umweltschutzpsychologie zeigt auf, wie umweltschützendes Verhalten in der psychologischen Forschung, z. B. in Fragebögen oder Verhaltensbeobachtung, gemessen werden kann, welche Eigenschaften umweltschützendem Verhalten vorausgehen und wie wir es verändern können. Der wichtige Bereich der Verhaltensänderung wird in diesem Handbuch unter der folgenden Fragestellung veranschaulicht:

Wie können wir es Menschen erleichtern,
sich umweltschützend zu verhalten?

Die Autor*innen dieses Buches sind der Meinung, dass dieses Ziel den betreffenden Menschen immer offen und ehrlich kommuniziert werden sollte. Deshalb werden manipulative Ansätze in diesem Handbuch nicht aufgeführt oder direkt als solche identifiziert. Ein nachhaltiger Lebensstil hat sehr viel Potenzial, das Leben erfüllter werden zu lassen. Falls ein nachhaltiger Lebensstil jedoch mit vielen als negativ empfundenen Konsequenzen verbunden ist, werden wir ihn nicht langfristig umsetzen.[40] Im Sinne der *Positiven Psychologie* hat dieses Handbuch den Anspruch, dass Umweltschutz in möglichst vielen Lebensbereichen mit einer gesteigerten Zufriedenheit einhergehen sollte.

Welchen Fokus hat das Handbuch?

Der Fokus des Handbuchs liegt auf dem Anwendungswissen der Umweltschutzpsychologie. Dabei ist die Reichweite des Buches begrenzt. Um bündig und handlich zu bleiben, wird allein die psychologische Perspektive eingenommen. Verknüpfungen zu Bereichen wie Politik, Soziologie oder den Naturwissenschaften werden nicht erwähnt. Auch große systematische Analysen von Umweltproblematiken auf der individuellen oder der gesellschaftlichen Ebene finden sich in diesem Handbuch nicht. Es dient vielmehr als eine Zusammenstellung der für die Anwendung auf der individuellen Verhaltensebene wertvollsten psychologischen Erkenntnisse – ohne einen Anspruch auf Vollständigkeit erheben zu können und zu wollen.

Dieses Handbuch bietet sich besonders für Aktionen von Umweltschutzgruppen und -organisationen oder von Kommunen an. Die Lektüre soll euch Schritt für Schritt das Thema »individuelle Verhaltensänderung« näherbringen, sodass ihr zukünftig sicherer, wirksamer und selbstbewusster damit umgehen könnt.

Hoffentlich werdet ihr in diesem Handbuch Antworten und Inspirationen zu vielen Fragen finden, die ihr euch bereits gestellt habt oder die für eure Arbeit relevant sind. Zum Beispiel: Wie ist der Zusammenhang von Umweltschutzabsichten und ihrer tatsächlichen Umsetzung? Welchen Einflüssen unterliegen wir Menschen eigentlich? In welche Fallen tappen Umweltschützer*innen bei der Durchführung ihrer Aktionen? Wie können Gewohnheiten durchbrochen werden? Wusstet ihr, dass kurzzeitige Belohnung meistens keine langzeitige Wirkung zeigt? Oder dass der Einfluss anderer Menschen auf unser Verhalten häufig unterschätzt wird? Was sind eigentlich *Coping, Prompts* und *kognitive Dissonanz*? Und wie verhalten sie sich zu Fragen der Nachhaltigkeit und des Umweltschutzes?

Was bietet euch dieses Handbuch?

- Ein psychologisches Modell zur Erklärung nachhaltigen Handelns
- Wissenschaftliche Hintergründe und konkrete Studien aus der Umweltpsychologie
- Ein Gefühl für die Vielfalt von Einflüssen auf die persönliche Umweltmotivation
- Tipps, Tricks und Anwendungsbeispiele für die praktische Arbeit
- Sinnvolle Schritte und Hilfsmittel zum Umsetzen eines eigenen Umweltschutzprojektes

Was findet ihr nicht in diesem Handbuch?

- Daten und Fakten zu Umweltschutzthemen wie Klimawandel und Ressourcenverbrauch
- Manipulative Strategien, um Menschen zu Umweltschutzverhalten zu bewegen
- Modelle der gesellschaftlichen Makroebene
- Reaktionen von Menschen auf den Klimawandel
- Menschliche (z. B. demographische) Eigenschaften, die in Verbindung mit Umweltschutz stehen[31]

Hier habt ihr die Möglichkeit, Fragen zur Motivation von Umweltschutzverhalten festzuhalten, die euch persönlich besonders interessieren und bewegen. In einem späteren Abschnitt werdet ihr daran erinnert. Bis dahin habt ihr hoffentlich viel Inspiration für ihre Beantwortung gewonnen.

Fragen an die Umweltschutzpsychologie

1. ....

....

2. ....

....

3. ....

....

Meine möglichen Antworten

1. ....

....

2. ....

....

3. ....

....

Das Modell zur Erklärung von Umweltschutzverhalten

Alle Begriffe, die im Handbuch erklärt werden, sind in ihrer Definition kursiv gedruckt – auch wenn sie in anderen Kapiteln wieder auftauchen. Zusätzlich findet ihr im Schlagwortregister die wichtigsten Fachbegriffe.

Das Modell, mit dem euch die psychologischen Einflüsse auf Umweltverhalten erklärt werden, ist eine Erweiterung des *integrativen Einflussschemas umweltgerechten Alltagshandelns*[51] von Ellen Matthies. Ihr Modell vereint zwei in der Psychologie sehr bekannte und viel verwendete Modelle: Die *Theorie des geplanten Verhaltens*[2] und das *Norm-Aktivations-Modell*[70]. Diese Modelle wurden vielfach erprobt und wissenschaftlich untersucht – auch in Bezug auf Umweltschutzverhalten.[+]

Das hier verwendete Modell unterliegt, genauso wie das Modell von Matthies, keiner wissenschaftlichen Gesamtmodell-Prüfung.[51] Jedoch wurden die einzelnen Modellkomponenten der *Theorie des geplanten Verhaltens* und des *Norm-Aktivations-Modells* empirisch bestätigt. Unser psychologisches Verhaltensmodell soll vor allem helfen, Einflüsse auf das individuelle Umweltverhalten zu verstehen. Es ist kein Phasenmodell, in dem eine Stufe erreicht sein muss, um eine nächste zu ermöglichen,[4] sondern ein Modell vieler Faktoren, die gegenseitig aufeinander einwirken können und die letztlich das Umweltschutzverhalten prägen.

Die folgenden Kapitel beziehen sich jeweils auf einen Faktor im Modell und erläutern ihn gründlich. Dabei werden zu jedem Faktor Maßnahmen genannt, mit denen man umweltschützendes Verhalten erleichtern kann. In den meisten Fällen wird erst eine theoretische Erklärung und dann ein Beispiel gegeben. Die Beispiele sind im Text mit kleinen Beeren ❦ gekennzeichnet. Wer sich zuerst für die Beispiele interessiert, kann also auf Beerensuche gehen.

+ *Die Theorie des geplanten Verhaltens wurde schon auf einige Umweltschutzverhaltensweisen erfolgreich angewandt, wie z. B. Verwendung von Energiesparlampen, Reduktion des Fleischkonsums, Verwendung öffentlicher Verkehrsmittel.*[34] *Das Norm-Aktivations-Modell kann zur Erklärung von Verhaltensweisen, wie Energiesparverhalten und Zahlungsbereitschaft für den Umweltschutz erfolgreich herangezogen werden.*[51]

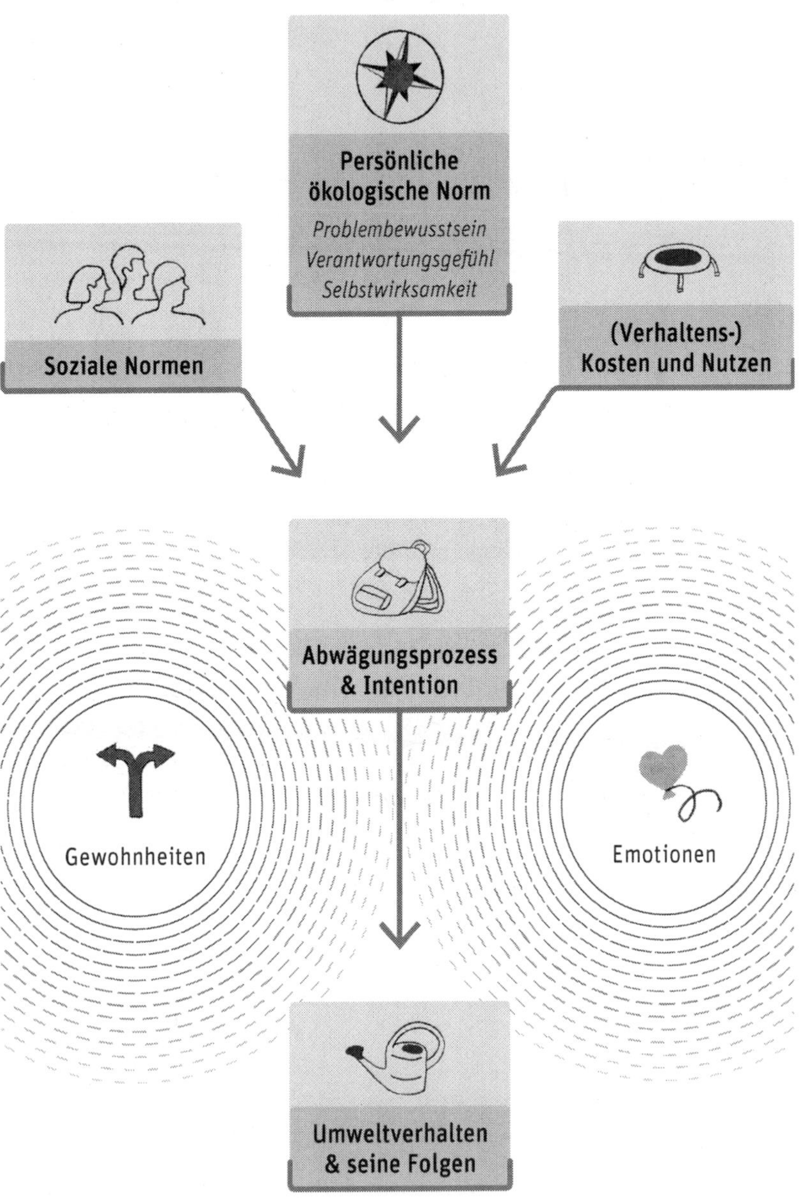

Psychologisches Modell zur Erklärung nachhaltigen Handelns.

Das psychologische Modell zur Erklärung nachhaltigen Handelns folgt ähnlichen Grundannahmen wie das Modell von Matthies und wird euch durch das gesamte Handbuch begleiten. In der Abbildung links ist es schematisch dargestellt. Die darin enthaltenen Begriffe werden euch im Verlauf des Handbuchs verständlich beschrieben und erklärt. Vorweg ein kleiner Überblick über die Modellkomponenten:

Problembewusstsein, Verantwortungsgefühl und *Selbstwirksamkeit* beeinflussen die *persönliche ökologische Norm* (Kapitel 1). Verschiedene Motivatoren – die *persönliche ökologische Norm*, Einflüsse aus *sozialen Normen* (Kapitel 2) sowie die *(Verhaltens-)Kosten und Nutzen* (Kapitel 3) – werden in einer Entscheidungsphase gegeneinander abgewogen und führen schließlich zu der *Intention* (Kapitel 4), dass ich in einer Situation umweltschützend oder nicht umweltschützend handeln möchte. Die Intention nimmt Einfluss auf das tatsächliche *Umweltverhalten*, das wiederum Konsequenzen nach sich zieht (Kapitel 5). Darüber hinaus beeinflussen *Gewohnheiten* die Prozesse in so gut wie jeder Handlungsphase (Kapitel 6). Den bisher vorgestellten Komponenten liegt die Annahme zugrunde, Menschen träfen rationale Entscheidungen. Aus diesem Grund beinhalten sie nur bedingt emotionale Einflüsse. Da *Emotionen* jedoch sehr große Auswirkungen auf Umweltschutzverhalten haben können, sind in diesem Modell in Anlehnung an das Buch »Psychology for a better World«[35] von Niki Harré Emotionen als weiterer Einflussfaktor hinzugefügt und werden in Kapitel 7 erläutert. In Kapitel 8 zeigt eine Abbildung alle Modellkomponenten jeweils gemeinsam mit den im Buch erläuterten Maßnahmen zur Förderung von Umweltschutzverhalten. Am Ende des Buches findet ihr Hilfestellungen, um euer neues umweltpsychologisches Wissen für die Praxis zu nutzen. Dort sind Leitfragen für Umweltschutzaktionen zusammengestellt (Kapitel 9) und ein sogenannter Canvas ist abgebildet, in den ihr alle psychologischen Aspekte eurer geplanten Umweltschutzaktion eintragen könnt (Kapitel 10).

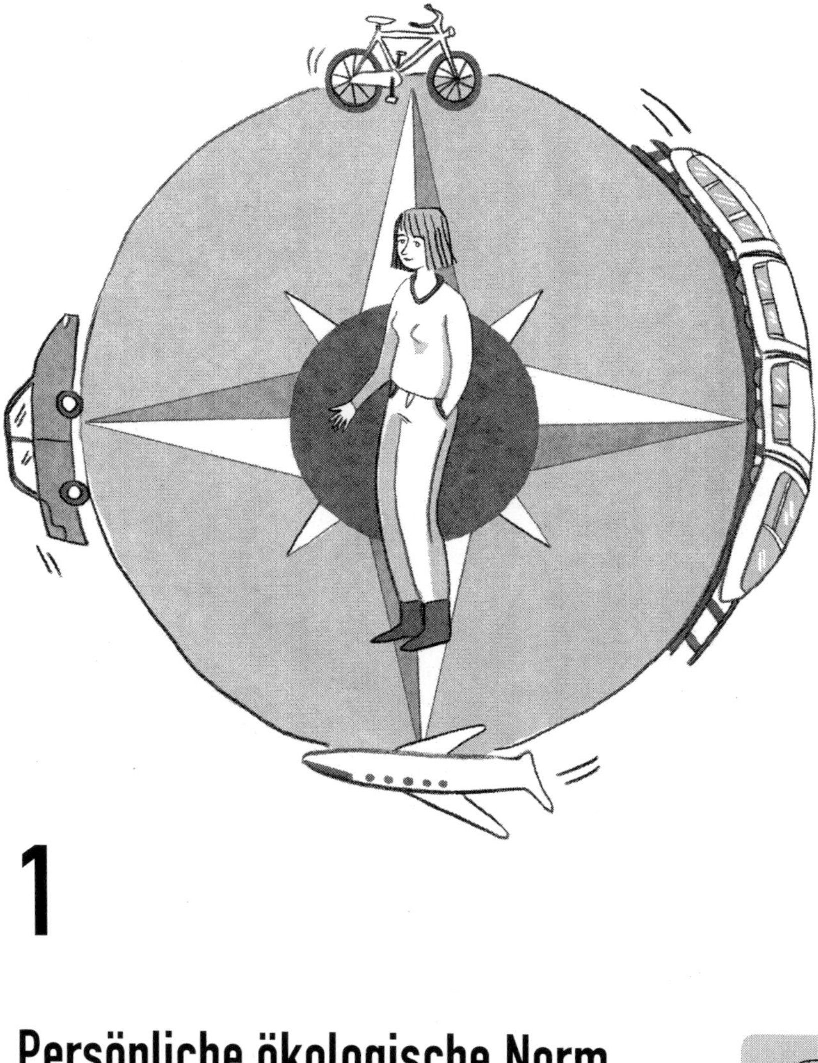

1

Persönliche ökologische Norm
Der innere Kompass

Bin ich mir bewusst, dass die Natur und die Leben von Menschen und anderen Lebewesen gefährdet sind? Sagt mir mein Gewissen, dass ich und nicht nur andere in der Verantwortung stehen, etwas dagegen zu tun? Und traue ich mir diese riesige Aufgabe überhaupt zu? Habe ich die Hoffnung, etwas bewirken zu können? Fragen wie diese werden in der Psychologie häufig in dem Begriff der persönlichen ökologischen Norm abgebildet. Die *persönliche ökologische Norm* wird von Matthies definiert als »die erlebte persönliche Verpflichtung, sich umweltschonend zu verhalten«.[51] Sie wird durch folgende Einflussfaktoren aktiviert: Problembewusstsein, Verantwortungsgefühl und Selbstwirksamkeit.

Diese Bestandteile können in bestimmten Situationen gefördert werden und so zur Aktivierung und Erweiterung der persönlichen ökologischen Norm führen. Sie sind sozusagen Ansatzpunkte, um den inneren Wunsch zu stärken, sich ökologisch zu verhalten. In den folgenden Abschnitten werden die Bestandteile der persönlichen ökologischen Norm erklärt und Maßnahmen zu ihrer Förderung in Bezug auf Umweltschutz dargestellt.

1.1 Problembewusstsein – Das Wissen über die gefährdete Umwelt

Problembewusstsein ist die Wahrnehmung, dass unsere natürliche Umwelt bedroht ist.[51] Diese Wahrnehmung umfasst u. a. das Wissen darüber, dass es negative ökologische Konsequenzen hat, wenn wir uns nicht umweltbewusst verhalten.

Wie fördern wir Problembewusstsein?

⊖ Vermittlung von Problemwissen

Wissensvermittlung über umweltschutzrelevante Themen ist wohl die am weitesten verbreitete Herangehensweise, um Menschen zu umweltbewussterem Verhalten zu bewegen. Durch Informationsbroschüren, Plakate oder Vorträge soll uns das Ausmaß des menschlichen (und damit des eigenen) Einflusses auf die natürliche Umwelt bewusst gemacht werden. Dabei lassen sich zwei Informationsarten unterscheiden: Problemwissen und Handlungswissen.[75]

Ausstellung »Auf grünen Wegen« des Umweltreferats des Studierendenrates der Friedrich-Schiller-Universität. Kostenlos laden auf ↗ www.umwelt.stura.uni-jena.de/downloads/Auf_gruenen_Wegen.pdf

Problemwissen ist das Wissen über existierende Umweltproblematiken (wird in diesem Unterkapitel behandelt) und *Handlungswissen* ist das Wissen über umweltschützende Verhaltensweisen (siehe Kapitel 1.3). Aber erzielt die reine Informationsvermittlung auch die gewünschte Wirkung?

In einem Bericht von Bamberg und Möser konnte ein Zusammenhang zwischen Wissen und Umweltschutzverhalten gefunden werden.[5] Allerdings ist der berichtete Zusammenhang vergleichsweise niedrig.[44] Generell führen reine Informationskampagnen selten zu wirklicher Verhaltensänderung.[74] Ein Beispiel: Eine Umweltschutzgruppe bereitet eine Poster-Ausstellung im Rathaus vor, die über negative soziale und ökologische Folgen von Kleidungskonsum berichtet. Setzt die Gruppe wirklich nur auf die Vermittlung von Problemwissen, werden nach Besuch der Ausstellung wahrscheinlich nur sehr wenige Besucher*innen ihr Verhalten verändern.

Fazit: Wissensvermittlung allein schafft noch keinen Wandel!

Trotzdem sollte Informationsvermittlung nicht gleich verworfen werden. Das Wissen über Umweltprobleme ist eine wichtige Grundlage, um begründen zu können, warum eine Verhaltensänderung nötig ist. Das Ziel sollte also durchaus sein, Menschen mit dem nötigen Wissen über Umweltproblematiken auszustatten, damit sie sich ein eigenes Bild machen können. Das vorhandene Vorwissen der Zielgruppe sollte dabei unbedingt beachtet werden. Hier folgen einige Tipps zur wirksamen Wissensvermittlung.

⊖ Tipps zur Vermittlung von Problemwissen

- **Aufmerksamkeit.** Damit Wissen aufgenommen wird, müssen diejenigen, an die es gerichtet ist, genügend Aufmerksamkeit aufbringen.[28] Auch Details können hier entscheidend sein: Bei einem Vortrag erzeugen aktuelle Bezüge Aufmerksamkeit. Schnell erfassbare Botschaften und ein ansprechendes Layout sind bei einem Plakat entscheidend. Bei einem Workshop kann die Bereitstellung von Getränken wichtig sein. Auch interessante und kreative Fragen können Aufmerksamkeit provozieren, beispielsweise: »Was denkst du? Wie lange kannst du deinen Fernseher mit der Energie betreiben, die eingespart wird, wenn du deine Trinkflasche recycelst?«[41]

- **Involviertheit.** Je involvierter, sprich persönlich betroffener, ich bin, desto größer wird meine Aufmerksamkeit sein, mich mit der Umweltschutzinformation zu beschäftigen.[28] Involviertheit kann z. B. durch den Bezug zur Region oder zu Institutionen wie der Schule, Universität oder dem Arbeitsplatz hergestellt werden. ❦ Möchte ich an meinem Arbeitsplatz den Pappbecherverbrauch thematisieren und reduzieren, könnte ich Informationen zu den verbrauchten Ressourcen pro Pappbecher bereitstellen. Sinnvoll wäre es, auch den Umfang des Pappbecherverbrauchs am Arbeitsplatz anzusprechen, um Bewusstsein für das Umweltproblem zu schaffen, in das alle Mitarbeiter*innen involviert sind. Wichtig ist hierbei, niemanden direkt anzuklagen.

- **Bildlich, verständlich, unbedingt ehrlich.** So sollte Information sein, damit Menschen sie verstehen, als glaubwürdig bewerten und ihr Vertrauen schenken.[28] Bei der Wissensvermittlung zu Klimarisiken sollte darüber hinaus möglichst nüchtern und faktenbasiert argumentiert werden.

- **Gerüchte gekonnt widerlegen.** Möchte ich Gerüchte ausräumen und falsche Informationen korrigieren, so helfen drei praktische Tipps, Fehlinformationen effektiv zu widerlegen. Ich sollte (1) die richtigen Fakten deutlich benennen anstatt das Gerücht zu fokussieren, (2) bei jeder Erwähnung des Gerüchtes davor warnen, dass die folgende Information inkorrekt ist und (3) eine alternative Erklärung darlegen, die Bezüge zur Falschinformation herstellt.[17] Der erste Tipp legt beispielsweise nahe, ein Gerücht, das ich widerlegen möchte, nicht in der Überschrift eines Textes zu nennen. Denn bei dem Titel »Nichts als Schwindel? Der Streit um den Klimawandel geht weiter«, bleibt vor allem »Klimawandel und Schwindel« im Kopf, auch wenn der Artikel eigentlich gegen Klimawandelskepsis argumentiert. Besser wäre es, den Titel mit richtigen Fakten auszustatten und das zu widerlegende Gerücht erst später im Text zu nennen.

Lesetipp: Für die anschauliche Erklärung anhand eines praktischen Beispiels ist das Dokument »Widerlegen, aber richtig« sehr gut geeignet. Das »Debunking Handbook« von John Cook und Stephan Lewandowsky ist ein sechsseitiger, prägnanter Text, der kostenfrei herunterzuladen ist: ↗ www.skepticalscience.com/docs/Debunking_Handbook_German.pdf

- **Kombination mit weiteren Strategien.** Informationsvermittlung alleine schafft wenig Veränderung. In Kombination mit weiteren Maßnahmen, die im Laufe des Handbuchs beschrieben werden, ist sie jedoch sehr nützlich. In Kapitel 1.2 beschreiben wir eine Studie, in der Wissensvermittlung mit einer öffentlichen *Selbstverpflichtung* in der Zeitung erfolgreich kombiniert wurde.[44]

Fazit: Die Vermittlung von Problemwissen allein führt oft nicht zur Veränderung des Umweltverhaltens. Sie sollte deshalb mit anderen Strategien der Motivationsförderung kombiniert werden. Bei der Wissensvermittlung muss darauf geachtet werden, dass die Zielgruppe aufmerksam ist und sich involviert fühlt. Informationen sollten möglichst bildlich, verständlich und ehrlich sein. Gerüchte werden auf besondere Weise angesprochen.

1.2 Verantwortungsgefühl Eine Frage des Gewissens

Wenn mir bewusst ist, dass mein eigenes Verhalten für Umweltschäden und die Lösung von Umweltproblemen relevant ist, habe ich ein starkes *Verantwortungsgefühl*.[51] Weiterhin verstehen Psycholog*innen unter dem Begriff ein Gefühl der Verpflichtung, das dadurch entsteht, dass Probleme nicht anderen (z. B. der Industrie oder Regierung), sondern sich selbst zugeschrieben werden.[68] In mehreren Studien zeigte sich immer wieder: Wer die Verantwortung für Umweltschutz bei sich selbst sieht, ist auch bereit, sich umweltschützend zu verhalten.[16] Ein treibender Faktor hinter dem Verantwortungsgefühl sind häufig Schuldgefühle, die entstehen, wenn sich jemand schädliches Verhalten selbst zuschreibt.[5] Ob ich Schuldgefühle in Kampagnen oder Aktionen jedoch direkt betonen und erzeugen möchte, sollte ich sorgfältig abwägen, da Schuld eine *negative Emotion* ist. Wie in Kapitel 7 zu *Emotionen* geschildert wird, führen *negative Emotionen* häufig zu *Bewältigungsstrategien*, die dem umweltfreundlichen Verhalten entgegenwirken können.

Wie fördern wir Verantwortungsgefühl?

Eine empfehlenswertere Methode, um Verantwortungsgefühl langfristig zu stärken und Verhaltensänderung zu bewirken, ist die Vermittlung von umweltschützenden Werten.[51] Unter *Werten* verstehen Psycholog*innen Leitprinzipien wie Freiheit, Gleichheit oder Umweltschutz, die als situationsübergreifende Ziele unterschiedlich wichtig sind und entsprechend wirken können.[69] Wie wir zu einem Wertewandel beitragen können, erklären uns z. B. Crompton und Kasser (siehe *Literaturtipps* im Anhang).[18] Auf weitere Strategien zur Stärkung des Verantwortungsgefühls werden wir in den folgenden Abschnitten eingehen.

⊖ Selbstaufmerksamkeit und kognitive Dissonanz

Selbstaufmerksamkeit ist eine Methode, um das Verantwortungsgefühl zu stärken. Denn *Selbstaufmerksamkeit* bedeutet, dass wir bewusst handeln, weil wir unser aktuelles Verhalten mit den Zielen, wie wir selbst sein möchten, abgleichen.[75] Sie lässt sich z. B. fördern, indem wir uns im Spiegel betrachten, durch Diskussionen über eigene Visionen und Ideale oder durch gezielte Fragen wie »In welchen Bereichen verhalte ich mich nachhaltig, in welchen möchte ich mich nachhaltiger verhalten?« und »Für welche Werte möchte ich eintreten und inwieweit tue ich es bereits bzw. nicht?«. Die zwei Fragen »Wer bin ich?« und »Wer möchte ich sein?« stehen sich im Prozess der Selbstaufmerksamkeit also gegenüber.

Erhöhen wir die Selbstaufmerksamkeit von Menschen, spüren sie eventuell Unterschiede zwischen dem eigenen Verhalten und den verfolgten Werten – dann sprechen Psycholog*innen von kognitiver Dissonanz. *Kognitive Dissonanz* ist ein unangenehmer Spannungszustand, der in uns den Drang auslöst, gemäß unseren Werten zu handeln.[25] Daraufhin werden wir versuchen, entweder unsere **Werte dem Verhalten** oder unser **Verhalten den Werten** anzupassen.

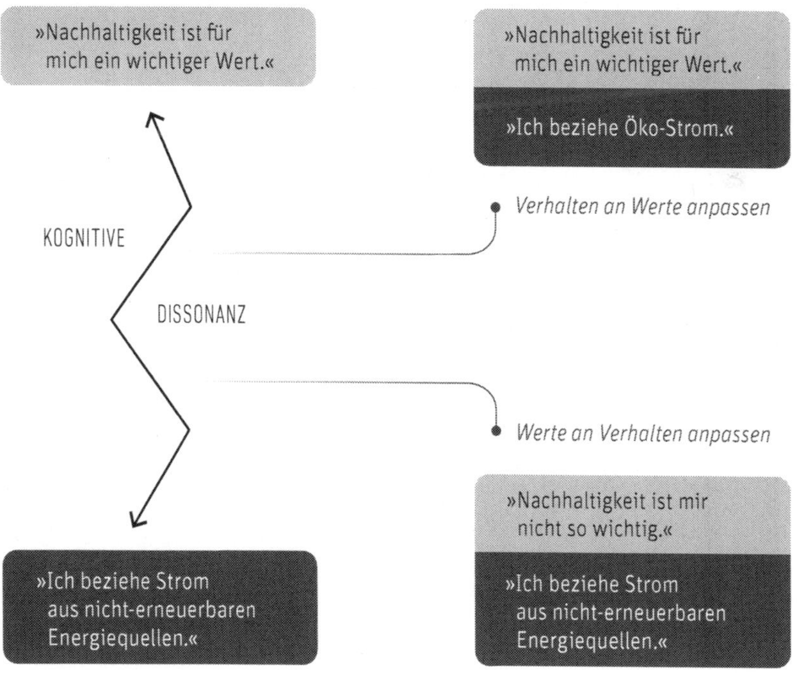

Theorie der kognitiven Dissonanz.

Sind umweltschützende Werte bereits im Selbstkonzept gefestigt, können diese durch die Erhöhung der Selbstaufmerksamkeit aktiviert werden und so eine Veränderung hin zu umweltgerechten Verhaltensweisen bewirken. Dazu passt, dass sich kognitive Dissonanz in einer Metaanalyse[+] als effektivstes Mittel zeigte, um Umweltverhalten zu verstärken – z. B. im Vergleich zu Feedback oder Belohnung.[57]

Kognitive Dissonanz ist zwar sehr wirksam, aber auch mit Vorsicht anzuwenden, weil sie auch ›nach hinten losgehen‹ kann. Wenn ich keine realistische Möglichkeit sehe, mein eigenes Verhalten meinen Werten anzupassen, werden **Verhaltensweisen unter Umständen nicht geändert**, und stattdessen **Werte neu definiert**. Erkenne ich die Umweltschädlichkeit meines eigenen Verhaltens, wird Umweltschutz so möglicherweise als weniger erstrebenswert angesehen. Weitere Informationen über diese ungünstige Rückkopplung finden sich in Kapitel 5 zu den Folgen des Verhaltens.

Fazit: Selbstaufmerksamkeit und die dadurch ausgelöste kognitive Dissonanz unterstützen uns darin, unsere Werte mit unseren Handlungen abzugleichen und umgekehrt. Habe ich bereits umweltschützende Werte, so könnte ich mich daraufhin umweltschützender verhalten. Es kann aber auch sein, dass ich stattdessen umweltschützende Werte abwerte.

+ *Eine Metaanalyse ist eine Zusammenfassung von Primär-Studien unter Verwendung statistischer Verfahren.*

⊖ Selbstverpflichtung

Eine weitere Strategie zur Stärkung von Verantwortungsgefühl ist die *Selbstverpflichtung* (oder auch *Commitment*). Darunter verstehen Psycholog*innen eine mündliche oder aufgeschriebene Zusicherung bzw. ein Versprechen, das eigene Verhalten zu ändern.[1] In den meisten Fällen geht das Versprechen mit einem bestimmten Ziel einher, z. B. seinen Energieverbrauch um 5 Prozent zu senken. Selbstverpflichtungen können privat (z. B. durch Unterzeichnung eines Zusagebriefes) oder öffentlich (z. B. in einer Zeitungsanzeige) gemacht werden.[1]

Clayton und Myers nehmen an, dass Selbstverpflichtung eventuell die Motivation verschiebt, nämlich von außen (anderen gefällig sein) nach innen (sein Versprechen halten und sein eigenes Ziel dabei erreichen).[16] Dadurch entsteht ein großes Potenzial für positive Gefühle.[16] Dies ist die Stärke von Selbstverpflichtungen und macht sie zu einer langfristig wirksamen Methode, um Verhaltensänderung hervorzurufen. ✱ Wenn sich beispielsweise bei einer kleinstädtischen Versammlung ein Bürger verpflichtet, die Organisation eines Foodsharing-Events zu übernehmen, wird sein Einsatz für das Projekt gestärkt und er wird sich dem nachhaltigen Verhalten im Bereich Ernährung stärker verpflichtet fühlen. Das Tragen von Umweltorganisations-T-Shirts, -Buttons oder -Aufklebern kann auch zur Steigerung eines Selbstverpflichtungsgefühls führen.[8] In Überblicksberichten und Metaanalysen wurde ein hoher Zusammenhang zwischen Selbstverpflichtung und dem gewünschten Verhalten gefunden.[16] Wir können Zusicherungen wirksam gestalten, indem wir einige Regeln beachten:

- Aufgeschrieben ist besser als mündlich[16]
- Öffentlich ist besser als privat[16]
- Freiwillig ist besser als unfreiwillig[16]
- Eine Kombination mit Informationen über die Gründe, weshalb wir uns nachhaltig verhalten sollten, ist sinnvoll[47]

Fazit: Verpflichten wir uns selbst für eine umweltschützende Handlung, so ist es wahrscheinlicher, dass wir sie dann auch ausführen. Selbstverpflichtungen sind besonders wirksam, wenn sie ausgeschrieben, öffentlich und freiwillig sind und mit Informationen kombiniert werden.

STUDIE: »Energiesparen für die Zeitung«

Eine Studie von Pallak, Cook und Sullivan untersuchte, inwieweit Selbstverpflichtung eine Veränderung des Energiekonsums bewirken kann.[58] 202 Hausbesitzer*innen in Iowa wurden mit Energiespartipps versorgt und gebeten, ihren Energiekonsum zu senken. Es gab drei Versuchsgruppen, von denen eine Gruppe keine Selbstverpflichtung ablegte (Kontrollgruppe), eine Gruppe eine private Selbstverpflichtung gab (Experimentalgruppe 1) und eine Gruppe darüber informiert wurde, dass ihre Namen in einer Zeitung veröffentlicht würden – so sollte ein Gefühl der öffentlichen Selbstverpflichtung geschaffen werden (Experimentalgruppe 2). Innerhalb eines Monats hatte die Experimentalgruppe 2 (mit öffentlicher Selbstverpflichtung) signifikant weniger Gas und Energie verbraucht als die Experimentalgruppe 1 (mit privater Selbstverpflichtung) und die Kontrollgruppe (ohne Verpflichtung). Selbst, nachdem die Versuchsteilnehmer*innen der zweiten Experimentalgruppe darüber aufgeklärt wurden, dass ihre Namen doch nicht in einer Zeitung veröffentlicht würden, hielten sie ihr Energiesparverhalten in den nächsten Wintermonaten aufrecht. Scheinbar befähigt Selbstverpflichtung Individuen dazu, innere Überzeugungen zu bilden, die sich dann in einer neuen Identität verfestigen können. Diese neue Identität sorgt dann dafür, dass das Umweltschutzverhalten weiterhin ausgeführt wird.[8]

1.3 Selbstwirksamkeit
Das Vertrauen in unsere Fähigkeiten

Gerade im Umweltschutz kann das Gefühl aufkommen, dass die eigenen Handlungen nur ein Tropfen auf den heißen Stein sind. Und wer glaubt, das eigene Verhalten habe keine relevanten Auswirkungen auf den Umweltschutz, für den oder die macht es »eh keinen Sinn, überhaupt umweltfreundlich zu handeln«. Deshalb ist es sehr wichtig, Menschen Selbstwirksamkeitserfahrungen zu ermöglichen. Unter *Selbstwirksamkeit* verstehen Psycholog*innen die Gewissheit, eine Anforderung mit den eigenen Fähigkeiten meistern zu können – ganz nach dem Motto »Ich werde es schaffen«.[6] Im Umweltkontext besteht Selbstwirksamkeit demnach aus **Fähigkeiten**, sich umweltschützend verhalten zu können, und einer **Wahrnehmung** der eigenen Kompetenz. ✱ Besuche ich zum Beispiel einen Reparaturworkshop für Haushaltsgeräte und traue mir daraufhin zu, meinen Staubsauger oder die elektrischen Haushaltsgeräte von anderen zu reparieren, habe ich eine hohe Selbstwirksamkeit in diesem Bereich. Ich bin dann stärker motiviert, nachhaltig zu handeln, weil ich Staubsauger, Stabmixer oder elektrische Waagen eigenständig reparieren kann, anstatt sie durch neue auszutauschen. Es lässt sich ein Zusammenhang finden zwischen dem Glauben, Einfluss auf Umweltprobleme zu haben, und politischem Engagement für Umweltthemen.[72] In einem Überblicksartikel schrieben Forscher*innen, dass Selbstwirksamkeit wichtiger für das umweltschützende Verhalten ist als das Wissen der Versuchspersonen.[37] Generell haben manche Menschen mehr Vertrauen in ihre Fähigkeiten als andere. Dennoch kann Selbstwirksamkeit bei allen gefördert werden.[16] Insbesondere das Gefühl *kollektiver Selbstwirksamkeit* – also dass wir als Gruppe Anforderungen gemeinsam meistern können – soll hier betont werden, da es umweltschützendes Verhalten stärker beeinflussen kann als individuelle Selbstwirksamkeit.[38] In anderen Worten: Wenn wir als Individuen fürchten, dass unser Verhalten nur ein Tropfen auf den heißen Stein ist, so können wir als Gruppe durchaus den Glauben haben, gemeinsam etwas zu erreichen.[7]

Wichtig für Selbstwirksamkeit ist das *Handlungswissen*, also Wissen über Handlungsmöglichkeiten im jeweiligen Kontext. Im folgenden Abschnitt beziehen wir uns auf Handlungswissen. Es ist von dem bereits erläuterten Problemwissen abzugrenzen. Problemwissen beinhaltet Informationen über die negativen ökologischen Konsequenzen von nicht-umweltbewusstem Verhalten und sagt mir, **warum** ich mich umweltschützend verhalten sollte.

Handlungswissen hingegen ist lösungsorientiert und beinhaltet Informationen darüber, **wie** ich mich umweltschützend verhalten kann und **welche** Verhaltensweisen wirksam sind.

Wie fördern wir Selbstwirksamkeit?

⊖ Handlungsoptionen und ihre Effektivität aufzeigen

Um das Gefühl der Selbstwirksamkeit zu erhöhen, können wir andere Menschen mit dem nötigen Wissen über ihre Handlungsmöglichkeiten versorgen. Dazu müssen natürlich zunächst einmal Handlungsmöglichkeiten bestehen (Exkurs 1.4: *Handlungssituation*). ❦ Um Selbstwirksamkeit zu fördern, können Bürger und Bürgerinnen zum Beispiel Informationen über die bestehende umweltfreundliche Infrastruktur wie den öffentlichen Nahverkehr und Radwege erhalten. Dies ist vor allem dann sinnvoll, wenn die Infrastruktur besser ist als von den meisten angenommen.[51] Allein schon das Wissen über eine Auswahl von Verhaltensmöglichkeiten kann ein Gefühl der Kontrolle über die Situation und nachhaltiges Verhalten geben.[29]

Darüber hinaus ist es wichtig, die Handelnden auch mit Wissen über die Effektivität der einzelnen Verhaltensweisen auszustatten.[73] ❦ Wenn ich **nur** einen Katalog von Energiesparmaßnahmen bekomme, ohne zu wissen, welche Maßnahmen davon die größten Einsparpotenziale haben, fühle ich mich leicht überfordert. Da ich nicht das Gefühl von Kontrolle über die Situation habe, werde ich weniger geneigt sein, mein Verhalten zu ändern. Und tue ich es trotzdem, so fokussiere ich mich vielleicht nur auf das Lichtausschalten und lasse effektivere Maßnahmen wie eine Temperaturerhöhung des Kühlschrankes außer Acht. Es ist wichtig, Informationen über die Wirksamkeit von Umweltschutzverhaltensweisen anzubieten, damit Handlungsentscheidungen unter dem Aspekt der Effektivität getroffen werden können. Statistiken sollten dabei wenn möglich in Einheiten pro Person angegeben werden, damit das Gefühl entsteht, einen Unterschied machen zu können.[41]

Fazit: Es ist wichtig, dass wir umweltfreundliche Handlungsmöglichkeiten und ihren Umwelteffekt kennen und bewerten können.

Training von Kompetenzen

In manchen Fällen müssen wir Fähigkeiten für umweltschützendes Verhalten zuerst einüben. Dafür brauchen Handelnde geordnete Instruktionen, die ihnen zeigen, wie sie umweltgerechtes Verhalten ganz konkret ausführen können. Das sind z. B. Informationen, dass sich Fensterläden nutzen lassen, um das eigene Büro zu kühlen, da die Sonne von ihnen reflektiert wird, oder Hinweise, wie bestimmte Plastiksorten im Müll zu trennen sind.[57]

Auch gemeinsame Aktionen des Erfahrungsaustauschs sind hilfreich. Das können z. B. vegetarische Kochabende sein oder gemeinsame Arbeit in Fahrradwerkstätten und Gemeinschaftsgärten. Dieser Erfahrungsaustausch ist eine gute Möglichkeit, um Kompetenzen zu vermitteln und nachhaltiges Verhalten zu erleichtern. Neben dem Trainingseffekt haben wir hier wieder die Möglichkeit zu Selbstwirksamkeitserfahrung sowie zum Erleben von sozialen Zugehörigkeitsgefühlen und positiven Emotionen, die wir mit nachhaltigem Handeln verknüpfen. Die BUNDjugend verbindet in ihrem Projekt »WELTbewusst erLEBEN«[+] Vorträge mit thematisch passenden Aktionen. So können die Teilnehmenden im Anschluss an Veranstaltungen z. B. vegane Aufstriche herstellen oder Kleidung tauschen.

Beim Training von Kompetenzen ist besonders darauf zu achten, dass die Handelnden viele Erfolgserlebnisse haben, um ihre Motivation langfristig aufrechtzuerhalten und zu fördern. Daher sollten wir im Voraus planen, welche Ziele wir mit einer Veranstaltung erreichen möchten.[61] Aus psychologischer Sicht ist es sinnvoll, sich kleine Ziele zu setzen und den Weg hin zu einem nachhaltigen Lebensstil in kleinen Schritten zu gehen. So erhalten Handelnde häufiger positives *Feedback* über ihre kleinen Erfolge,[29] was die Motivation und damit das Erreichen von Umweltzielen fördert. In der Kampagne »Small Steps«[++] wird die Relevanz kleiner Schritte bedacht (siehe die Abbildung auf der nächsten Seite). Darüber hinaus soll durch das Weiterreichen der kleinen Karten ein Gefühl der kollektiven Selbstwirksamkeit erzielt werden.

Es ist außerdem sinnvoll, Menschen, die Kompetenzen erwerben wollen, zum Fehlermachen zu ermutigen. Im Umgang mit den gemachten Fehlern sollten die Lehrenden dann strategisch und emotional unterstützen.[65] Beim

\+ ↗ *www.bundjugend.de/projekt/weltbewusst-erleben*

++ ↗ *www.smallsteps.eu*

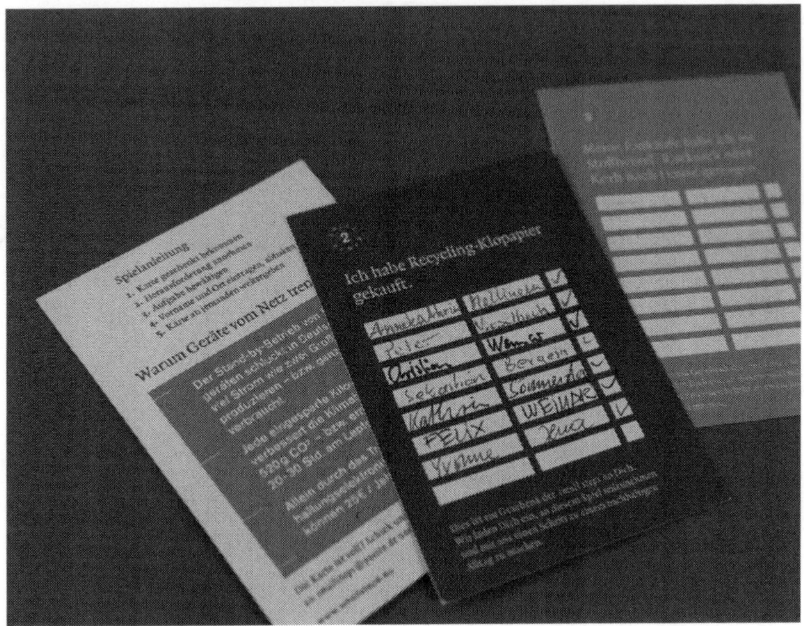

Beispielkarten der »Small Steps«.

Gärtnern können z. B. Reflexionsgespräche über Schwierigkeiten geführt werden. Statt sich endlos über einen missglückten Anbau zu ärgern, wird so gemeinsam nach praktikablen Lösungen gesucht.

Wenn die Aufgabe einen gewissen Schwierigkeitsgrad besitzt, fördert sie uns darin, diese und ähnliche Aufgaben auch im Alltag kompetent zu lösen.[65] Um den Alltagstransfer zu unterstützen, ist es z. B. wichtig, dass in einer Nähwerkstatt nicht nur vorbereitete Nähmaschinen bedient werden, sondern auch das Vorbereiten selbst gelernt wird. Das Erleben von Autonomie und eigener Kompetenz steht dabei im Mittelpunkt.

Auch die zeitliche Komponente ist beim Kompetenztraining zu beachten. Es sollte immer so geplant werden, dass die Fähigkeiten bald angewandt werden können.[65] ❦ Biete ich beispielsweise einen vegetarischen Kochkurs für Kinder an, die zu Hause nie selbst das Essen zubereiten müssen, verliert die Aktion ihre Effektivität. Gestalte ich jedoch gemeinsam mit den Kindern ein ansehnliches kleines Kochbuch zum Mitnehmen für die Eltern und lege ihnen gemeinsames Kochen in der Familie nahe, werden die vegetarischen Kochfähigkeiten der Kinder langfristiger gestärkt.

Fazit: Ein Kompetenztraining sollte (1) in kleinen Schritten vorangehen, (2) viele Erfolgserlebnisse beinhalten, (3) Fehler zulassen und konstruktiv reflektieren, (4) ein angemessen hohes Aufgabenschwierigkeitsniveau haben, das einen Alltagstransfer zulässt und (5) für zeitliche Nähe zwischen dem Training und der tatsächlichen Umsetzung sorgen. Beim Erlernen einer Kompetenz ist es sinnvoll und effektiv, gleichzeitig Informationen über genau diese Kompetenz zu vermitteln.

⊖ Tipps zur Vermittlung von Handlungswissen

- **Relevanz und Nützlichkeit.**[65] Die Relevanz einer Handlung und die Nützlichkeit für die Umwelt und die Handelnden sollten bei jedem Kompetenztraining hervorgehoben werden.

- **Positiv-/Negativbeispiele.**[65] Handlungswissen und Kompetenzen werden leichter erlernt, wenn sie sowohl mit einem positiven als auch einem negativen Beispiel für ihre Umsetzung vorgestellt werden. In dem vorligenden Handbuch wurde versucht, diesen Ansatz umzusetzen.

- **Einfache Verhaltensweisen vorschlagen.**[28] Individuelle Verhaltensweisen, die keinen hohen Aufwand für uns bedeuten (wie z. B. Recycling an öffentlichen Mülleimern), lassen sich durch Vermittlung von Handlungswissen gut fördern. Für anspruchsvolle Verhaltensweisen sollte auf andere Maßnahmen wie z. B. Kompetenztraining zurückgegriffen werden.

- **Vorwissen nutzen.**[22] Sich Vorwissen zunutze zu machen, wird häufig veranschaulicht mit den Worten »die Menschen da abzuholen, wo sie gerade stehen«. Erfrage ich z. B. bei einem Kompetenztraining zur Fahrradinstandhaltung das Vorwissen der Teilnehmenden, dann kann ich das gesamte Training am vorhandenen Wissensstand orientieren und so eventuelle Frustration bei den Teilnehmenden vermeiden.

- **Übertragbarkeit fördern.**[22] Schon bei der Vermittlung von Handlungswissen sollten wir auf die Anwendbarkeit im Alltag achten und diese durch systematische Vergleiche mit anderen Situationen erleichtern. Außerdem kann es hilfreich, wenn sich direkte Handlungen an eine

Veranstaltung anschließen und Teilnehmende neu Gelerntes gleich praktisch erfahren können. Beispielsweise sollten Teilnehmende einer Kräuterwanderung zu einer bestimmten Pflanze nicht nur erfahren, welcher Salat sich damit zuzubereiten lässt. Der Leiter oder die Leiterin sollte gleichzeitig dazu anregen, über weitere mögliche Verwendungen der Kräuter nachzudenken. Wenn möglich sollten die Teilnehmenden zwischendurch Kräuter kosten können und am Ende z. B. gemeinsam einen Tee aus den gesammelten Kräutern kochen.

- **Spezifisch auf den Handlungskontext zugeschnittene Infos.**[47] Informationen über Handlungsoptionen und ihre Effektivität sind insgesamt wirkungsvoller, wenn sie auf unsere spezifische Situation angepasst sind und dementsprechende Handlungshinweise liefern.

Siehe auch:
»Tipps zur Vermittlung von Problemwissen« (Kapitel 1.1: *Problembewusstsein*)

Fazit: Handlungswissen sollte einfach und für die Zielgruppe relevant und nützlich sein. Im Training sollte Handlungswissen auf Vorwissen aufbauen und Übertragbarkeit fördern, sowie Positiv- und Negativbeispiele enthalten. Im besten Fall ist es auf die spezifische Handlungssituation der Zielgruppe zugeschnitten.

STUDIE: »Geheimnisse aus der Garage«

In einer Studie von Daamen, Staats, Wilke und Engelen wurde untersucht, ob eher spezifische oder generelle Informationen Umweltschutzverhaltensweisen fördern können.[19] In einer Voruntersuchung erfassten sie, welche Verhaltensweisen zu Ölverschmutzung in Garagen-Werkstätten führen. Ein Drittel der Werkstattleiter*innen wurde daraufhin mit spezifisch auf ihren eigenen Garagenkontext zugeschnittenen Informationen versorgt. Die spezifische Nachricht enthielt Informationen darüber, (1) welche Verhaltensweisen, die Ölverschmutzung verhindern, bereits von ihren Angestellten ausgeführt werden und (2) an welcher Stelle Verbesserungen nötig sind. Ein weiteres Drittel der Werkstattleiter*innen erhielt eine generelle Nachricht über die häufigsten Quellen der Ölverschmutzung in Werkstattgaragen und mögliche Vermeidungsstrategien. Das letzte Drittel erhielt als Kontrollgruppe keine Nachricht. Die Forscher*innen konnten zeigen, dass spezifische Informationen wesentlich wirksamer als generelle oder keine Informationen sind. Darüber hinaus unterschieden sich die Bedingungen der generellen Information und keiner Information nur gering. Daraus lässt sich schließen, dass Information, die nicht auf unser direktes Lebensumfeld passt, wenig verhaltensändernde Effekte bewirkt. Eine Information, die auf unsere individuellen Bedingungen zugeschnitten ist, kann auch als eine Art des Feedbacks angesehen werden.

⊖ Feedback

Wie eben erwähnt, motiviert es uns, wenn wir wissen, ob wir ein Verhalten erfolgreich ausgeführt haben.[16] Wir wollen wissen, ob wir wirklich so wirksam handeln, dass es einen Unterschied macht – durch *Feedback* können wir dieses Wissen erhalten. So zeigt z. B. Ecosia[+], eine umweltfreundliche Online-Suchmaschine, bei jedem Suchvorgang an, wie viele Bäume mit der eigenen Hilfe gepflanzt werden. In vielen umweltrelevanten Bereichen wie Wasser- oder Energieverbrauch wird es in Deutschland jedoch durch Flatrates oder unübersichtliche Abrechnungen erschwert, sich Feedback über ihr Verhalten und dessen Konsequenzen zu beschaffen. Wenn ich versuche, kürzere warme Duschen zu nehmen, wie und vor allem wann weiß ich genau, ob ich einen Effekt erzielt habe? In der Umweltschutzpsychologie wurden viele Studien über die Veränderung von Energiesparverhalten durch Feedback durchgeführt. Meistens wurden Informationen über den Energieverbrauch in einem kürzeren Abstand gegeben, als es sonst üblich ist.[1] Feedback hatte einen positiven Effekt auf das Energiesparverhalten, weil Haushalte Energiesparerfolge direkt mit bestimmten Verhaltensänderungen in Verbindung bringen konnten.[1] ❦ Habe ich z. B. in einer Winterwoche meine Heizung weniger stark aufgedreht und kann am Ende der Woche die Auswirkungen meiner Verhaltensänderung gleich überprüfen, dann mache ich eine Kontrollerfahrung. Die Wirksamkeit von diesem Daten-Feedback erhöht sich, wenn es mit sozialer Belohnung oder Bestrafung kombiniert wird. Das kann über fröhliche Smileys bei Energiesparen bzw. traurige Smileys bei erhöhtem Energieverbrauch geschehen. Eine weitere Möglichkeit ist der soziale Vergleich mit dem Energiesparverhalten der Nachbar*innen, indem ein Nachbarschaftsmittelwert errechnet und bekannt gegeben wird (Kapitel 2: *Soziale Normen*).[44] Feedback ist insgesamt wirksamer, je häufiger es gegeben wird.[1]

Fazit: Feedback über unser Verhalten und Verhaltensänderungen kann unsere Selbstwirksamkeit stärken. Besonders wirkungsvoll ist häufiges Feedback und die Kombination mit sozialen Normen.

\+ *Ecosia ist eine Suchmaschine, die 80 Prozent der Einnahmen an forstwirtschaftliche Programme in der ganzen Welt spendet. ↗ www.ecosia.de*

STUDIE: »Wie viel Energie verbrauche ich eigentlich?«

In einer Studie von Van Houwelingen und Van Raaij wurden Haushalten verschiedene Arten des Feedbacks über die Kosten ihres Gasverbrauchs gegeben.[79] Der Anreiz für Veränderung war in dieser Studie also auch ein *finanzieller Nutzen*. Die Haushalte hatten das Ziel, ihren täglichen Verbrauch zu reduzieren. Dafür bekamen sie alle vorab Informationen über Energiesparmöglichkeiten. Die Forscher*innen gaben den Haushalten verschiedene Arten von Feedback: Stetiges Feedback (durch einen Monitor, der den täglichen Gasverbrauch anzeigte), monatliches Feedback (durch eine Nachricht), selbstgesteuertes Feedback (durch Instruktionen, wie man den eigenen Gaszähler liest) oder kein Feedback. Die Ergebnisse zeigten, dass die Haushalte mit stetigem Feedback ihren Gasverbrauch am stärksten verringerten (12,3 Prozent). Darauf folgten Haushalte, die monatliches Feedback bekamen (7,7 Prozent), dann diejenigen, denen das Lesen ihres Gaszählers beigebracht wurde (5,1 Prozent) und als letztes Haushalte, die nur die Vorabinformationen ohne jegliches Feedback erhalten hatten (4,3 Prozent). Aus den Ergebnissen schließen die Forscher*innen, dass Feedback umso wirkungsvoller ist, je häufiger es gegeben wird.[1]

1.4 Exkurs: Handlungssituation
Die Welt um uns herum

Ein Thema, das in der Psychologie häufig vernachlässigt wird, ist der Kontext, in dem eine umweltschützende oder -schädigende Handlung stattfindet. Die Veränderung der Handlungssituationen wird häufig als Aufgabe anderer Wissenschaftsbereiche angesehen. Sie hat jedoch eine solche Relevanz, dass sie definitiv in dieses Handbuch hineingehört. *Handlungssituationen* können bestimmte Umweltschutzverhaltensweisen entweder ermöglichen oder nicht ermöglichen (bzw. erleichtern oder erschweren). Die Situation hat dadurch einen beträchtlichen Einfluss auf umweltgerechtes Verhalten und die individuelle Motivation.[74] Beispiele sind die Verfügbarkeit von Recycling-Mülleimern, die Qualität öffentlicher Transportmittel sowie das Angebot und die Preise von nachhaltigen und fairen Produkten in Einkaufsmärkten (siehe auch Kapitel 3: *(Verhaltens-)Kosten und Nutzen*).[74] In einigen Fällen sind es nicht vorrangig wir, die uns verändern müssen, sondern die Umstände, in denen wir leben und Entscheidungen treffen. Welche Möglichkeiten gibt es, um durch die Veränderung der Handlungssituation das Umweltschutzverhalten zu fördern? Wie können wir die Handlungssituation mit einbeziehen?

⊖ Schaffung von Möglichkeiten

Um umweltfreundliches Verhalten wahrscheinlicher zu machen, brauchen wir zuerst praktikable Möglichkeiten, um uns wirklich umweltschützend verhalten zu können. In manchen Fällen fehlen infrastrukturelle Maßnahmen, in anderen Fällen finanzielle Maßnahmen.[74] Wollen wir, dass viele Menschen Züge statt Autos nutzen, müssen wir uns dafür einsetzen, dass das Eisenbahnnetz ausgebaut wird und Fahrkartenpreise für alle bezahlbar werden – etwa durch Petitionen, Demonstrationen oder Unterstützung bestimmter politischer Parteien. Weitere Beispiele für Veränderung der Handlungssituation:

- Bereitstellung von öffentlichen Bücherregalen, durch die Bücher verschenkt werden können
- Eröffnung eines veganen Restaurants bzw. die Einführung von vegetarischen und veganen Gerichten in Mensen oder Kantinen

- Betrieb von Kleiderkammern, um den Konsum der betreffenden Produkte zu verringern
- Ermöglichung von Krediten, damit sich Menschen den Bau einer Solaranlage leisten können
- Reparaturhäuser und Repair-Cafés, die das Reparieren von Geräten und Möbeln erleichtern
- Angebote für ein konsumfreies Freizeitverhalten: vielseitige Spielplätze und gut bestückte Stadtteilbüchereien

Bevor wir versuchen, das Umweltschutzverhalten von Menschen zu fördern, sollten wir uns fragen, ob für sie überhaupt die Möglichkeit zum Handeln besteht. Wenn dies nicht der Fall ist, sollte unsere erste Aktion sein, die Möglichkeit zu schaffen.

Fazit: Wir sollten nicht nur den einzelnen Menschen und sein Verhalten, sondern immer auch den Handlungskontext und die Möglichkeiten, die er bietet, betrachten.

⊖ Handlungen durch die Situation erleichtern

Können wir eine Handlungssituation beeinflussen, um so das umweltfreundliche Verhalten zu erleichtern, sollten wir dies definitiv tun. Je leichter und angenehmer die nachhaltige Alternative ist, desto höher ist die Wahrscheinlichkeit, dass wir sie wählen (siehe Kapitel 3: *Verhalten bequemer machen*). Im gleichen Zuge lohnt es sich, umweltschädliches Verhalten unangenehmer und schwerer zu machen.

✦ Ein gutes Beispiel wie Handlungssituationen verändert werden, um umweltfreundliches Verhalten zu erleichtern, ist die »Stadt der kurzen Wege«. Dabei wird darauf geachtet, dass Wohngebiete, Arbeitsstellen, Einkaufsmöglichkeiten und Schulen nahe beieinander liegen. Die kurzen Wege erleichtern es Bürger*innen, ihren Alltag ohne Auto zu bewältigen. Auch gute Radwege und Fahrradständer oder Fahrradparkhäuser erhöhen die Wahrscheinlichkeit, dass wir mit Rad und Lastenfahrrad unterwegs sind. Kopenhagen macht vor, wie fahrradfreundliche Strukturen das Auto als Verkehrsmittel zurückdrängen können: 400 Kilometer Radwege schaffen die besten Voraussetzungen und so fahren täglich 63 Prozent der Kopenhagener*innen mit dem Fahrrad zur Arbeit, Schule oder Universität. Für sie ist der Hauptgrund für das Fahrradfahren, dass es »schnell und einfach« ist. Die Umweltfreundlichkeit spielt nur für 7 Prozent der Fahrradfahrer*innen eine Rolle.[78] Umweltschädliches Verhalten wird hingegen unbequemer, wenn etwa Parkplätze gebührenpflichtig sind und weiter außerhalb liegen oder Umweltzonen eingerichtet bzw. strenger reglementiert werden.

Handlungsoptionen, zwischen denen wir wählen können, sind in der Regel nicht neutral und gleichwertig dargestellt.[44] Wie in den Beispielen gezeigt, lässt sich dies auch zur Erleichterung des Umweltschutzverhaltens nutzen, indem wir versuchen, Situationen entsprechend zu verändern. Dabei geht es um die sogenannten *Defaults*, also um (institutionelle) Voreinstellungen, die durch ihre reine Existenz ein bestimmtes Verhalten nahelegen. Wir können uns den Default gut am Beispiel der Organspende erklären. Hier kann der Default entweder sein, dass ich im Todesfall (1) nur Organe spende, wenn ich einen Organspende-Ausweis unterschrieben habe, oder (2) immer Organe spende, dies aber durch eine (schriftliche) Ablehnung unterbinden kann. Im ersten Fall erschwert der Default das Organspende-Verhalten, im zweiten Fall erleichtert er es. ❦ Die Nutzung des Defaults für den Umweltschutz sehen wir z. B. an einer Wohngenossenschaft, in der allen Bewohner*innen beim Einzug gesagt wird, dass ein Sticker gegen kostenlose Zeitung und Werbung an ihren Briefkästen befestigt wird, falls sie sich nicht dagegen aussprechen. Weitere Defaults für sinnvolle umweltschützende Maßnahmen sind z. B. Einkäufe an der Kasse nicht direkt in eine kostenlose Plastiktüte eingepackt zu bekommen, die Standard-Drucker-Option als schwarz-weißen und doppelseitigen Druck einzustellen oder die Bioprodukte im Einkaufsregal in Augenhöhe zu platzieren.[44] Auf kommunal-politischer Ebene könnte anvisiert werden, Ökostrom anstatt konventionellem Strom als Default beim Einzug anzubieten. Dies führt selbst bei höheren Beiträgen zu mehr Ökostrombezieher*innen.[60]

Fazit: Es lohnt sich, darüber nachzudenken, ob wir die Handlungssituation zugunsten nachhaltiger Verhaltensweisen verbessern können. Genauso können wir umweltschädigende Handlungen unangenehmer oder umständlicher machen.

2

Soziale Normen

Der Einfluss der Anderen

Was sind soziale Normen?

Soziale Normen sind Regeln und Standards, die von vielen Menschen geteilt werden und so das Verhalten von einzelnen Menschen lenken, ohne dafür Gesetze zu benötigen.[42] Sie deuten mir an, wie ich mich in einer bestimmten Situation verhalten sollte. Die psychologische Forschung zeigt, dass sie einen nennenswerten Einfluss auf unser Verhalten haben können und daher auch für umweltrelevantes Verhalten wichtig sind.

Zu den sozialen Normen gehört zum Beispiel die *subjektive Norm*. Diese entsteht aus den Annahmen über Erwartungen von Menschen, die für uns selbst bedeutsam sind.[51] Ein Beispiel wäre: »Was würden meine Eltern sagen, wenn ich dies oder jenes tue?« Das psychologische Modell zur Erklärung nachhaltigen Handelns beruht zum Teil auf der *Theorie des geplanten Verhaltens*, die diese subjektive Norm als einzigen Normbegriff einbezieht. Allerdings wäre es nicht weit genug gedacht, nur die subjektive Norm in das Modell mit aufzunehmen. Wir werden nämlich auch von Menschen beeinflusst, mit denen wir wenig oder nichts zu tun haben, die einfach nur in unserem Umfeld sind, ohne dass sie uns etwas bedeuten. In der psychologischen Literatur gibt es daher eine weitere Einteilung sozialer Normen: SOLL- und IST-Normen.[15]

»Ich sollte mich umweltschützend verhalten.« *SOLL-Normen* sind moralische Regeln, die beschreiben, was wir in einer bestimmten Situation nach der Meinung anderer tun sollten. Psycholog*innen sprechen hier von *injunktiven Normen*.[15] Sie zeigen, ob ein Verhalten von der Gruppe anerkannt oder missbilligt wird. ❦ Wenn ich vor dem Kleiderschrank stehe und überlege, welche Kleidung andere für den Vortrag über Lebensmittelverschwendung für angemessen halten, mache ich mir Gedanken über eine SOLL-Norm. Wenn ich einen Kongress besuche, bei dem kommuniziert wird, dass vegane Ernährung dort von den Teilnehmer*innen erwünscht ist, werde ich mit einer SOLL-Norm konfrontiert. SOLL-Normen können unterschiedliche Ausprägungen in verschiedenen Situationen haben. Beispielsweise vermittelt der Kongress wahrscheinlich andere SOLL-Normen als mein Arbeitsplatz.

»Verhalten sich andere tatsächlich umweltschützend?« *IST-Normen* spiegeln das tatsächliche und verbreitete Verhalten von Menschen wider. Psycholog*innen sprechen von *deskriptiven Normen*.[15] Es ist wahrscheinlich, dass wir das machen, was wir bei anderen Menschen sehen.[16] Auch wenn wir uns dessen nicht immer bewusst sind, imitieren wir ihr Verhalten bis zu einem gewissen Grad. Denn IST-Normen zeigen, welches Verhalten sich für andere

Menschen bewährt und signalisieren uns so häufig, wie wir unsere Ziele am effektivsten erreichen können. Ein von Menschen ausgetretener Pfad, der uns den Weg durch den Wald weist, ist beispielsweise eine IST-Norm.[35]

Der Einfluss von SOLL- und IST-Normen wird von den Handelnden selbst häufig unterschätzt und sogar Kommunikationsprofis beachten diesen Aspekt nicht immer.[16] Die Berücksichtigung und Unterscheidung von SOLL- und IST-Normen ist dennoch wichtig, weil die verschiedenen Normen sich gerade im Umweltkontext widersprechen können. ❦ So könnte es sein, dass meine Freunde es gutheißen, Energie zu sparen und nachhaltig zu leben (SOLL-Norm). Andererseits erlebe ich in meiner Familie, dass im Winter unsere Heizung hochgedreht und mit T-Shirt in der Wohnung herumgelaufen wird (IST-Norm) und verhalte mich dann vielleicht auch in meiner eigenen Wohnung so.

Wie können wir soziale Normen richtig anwenden?

⊖ SOLL- und IST-Normen gekonnt einbeziehen

Als Umweltschützer*innen haben wir die Möglichkeit, SOLL- und IST-Normen in einer bestimmten Situation hervorzuheben (Psycholog*innen nennen dies »salient machen«), um die Wahrscheinlichkeit zu erhöhen, dass Menschen ein umweltfreundliches Verhalten zeigen. An dieser Stelle möchten wir betonen, dass wir uns damit am Rande zur Manipulation befinden und raten, die nachfolgenden Zeilen kritisch zu hinterfragen.

Eigentlich ist das gekonnte Einbeziehen und Kommunizieren von Normen sehr einfach. Der Grundsatz ist: Sprechen sich viele Menschen positiv für den Umweltschutz aus (SOLL-Norm) oder verhalten sie sich umweltfreundlich (IST-Norm), ist es sinnvoll, diese Meinungen und Verhaltensweisen auch hervorzuheben und z. B. in Informationsbroschüren anzusprechen oder in Videos zu veranschaulichen.

Sprechen SOLL- und IST-Normen gegen den Umweltschutz, sollten sie lieber unerwähnt bleiben. Das klingt einfach, wird aber häufig nicht beachtet und kann sogar dazu führen, dass meine Botschaft negative Auswirkungen hat.[16] ❦ Beispielsweise steckt in der Aussage »Viele Menschen schmeißen ihren Müll auf den Gehweg – sei keiner davon!« die unterschwellige IST-Norm-Aussage, dass viele Menschen Müll auf den Gehweg schmeißen.[14]

Diese Aussage erweckt den Eindruck, dass es in der Tat okay ist, Müll nicht in den Mülleimer zu werfen, da es viele andere Menschen genauso tun. Viele Ökostromanbieter verwenden soziale Normen hingegen schon sehr gekonnt. Sie geben z. B. nicht an, wie viel Prozent der deutschen Bevölkerung bereits Ökostrom bezieht, da es noch eine Minderheit ist und demnach die IST-Norm zur jetzigen Zeit gegen Ökostrom spricht. Stattdessen heben sie die Vorteile von Ökostrom für ökologische Nachhaltigkeit hervor, betonen die Akzeptanz von Erneuerbaren Energien in der Bevölkerung (SOLL-Norm) und werben mit einer anderen IST-Norm: dem Anstieg der Zahl von Ökostromkund*innen.

Angaben über soziale Normen sollten immer auf wahren Zahlen und Statistiken basieren. Als Umweltschützer*innen wollen wir keinen falschen Schein erwecken, sondern bereits positive Entwicklungen hin zu einer ganzheitlich nachhaltigen Lebensweise hervorheben und fördern.

Fazit: Im besten Fall werden SOLL- und IST-Normen nur fokussiert, wenn sie für umweltschonendes Verhalten sprechen. Andernfalls sollten wir nach alternativen günstigen Normen suchen.

STUDIE: »Soziale Normen am Briefkasten«

In einem Feldexperiment untersuchten Hamann, Reese, Seewald und Löschinger, unter welchen Bedingungen Haushalte einen Sticker gegen kostenlose Zeitung und Werbung an ihrem Briefkasten anbringen.[33] Betrachtet wurden ausschließlich Haushalte, die bisher noch keinen derartigen Aufkleber besaßen. Alle Versuchshaushalte bekamen einen Sticker in den Briefkasten geworfen. In einer Gruppe wurde ein Flyer beigelegt, der eine Umweltschutz-SOLL-Norm ansprach (»wir sollten uns als Nachbarschaft für den Umweltschutz einsetzen«). Haushalte der anderen Gruppe erhielten den Flyer nicht. Anhand des Anteils der benachbarten Briefkästen im selben Mehrfamilienhaus, die bereits einen Sticker trugen, konnte die entsprechende IST-Norm abgelesen werden (siehe auch Abbildung auf Seite 51). Die Autor*innen fanden heraus, dass mehr Sticker aufgeklebt werden, wenn eine SOLL-Norm angesprochen wird und die IST-Norm für den Umweltschutz spricht (d. h. viele Nachbars-Briefkästen bereits Sticker haben).

⊖ Soll- und Ist-Normen in Kombination anwenden

Auch die Kombination von Soll- und Ist-Normen ist wichtig. Sprechen sie beide für umweltschützendes Verhalten, ist es sinnvoll, auch beide Normen hervorzuheben. So haben z. B. Hamann und Kollegen herausgefunden, dass die Kombination aus einer Ist-Norm (viele Nachbars-Briefkästen haben bereits Sticker) und einer Soll-Norm (»wir sollten uns als Nachbarschaft für den Umweltschutz einsetzen«) besonders effektiv ist – in diesem Fall haben die meisten Briefkastenbesitzer*innen einen Aufkleber angebracht.[33] Wie angesprochen, können sich Ist- und Soll-Normen jedoch auch widersprechen und so unerwartete negative Auswirkungen erzielen.

Ein gutes Beispiel ist der Iron-Eye-Cody Spot[+], der in den USA als eine der besten Werbungen für den Umweltschutz angesehen wurde. In dem Video ist ein indigener Mann zu sehen, der auf einem Fluss, umgeben von schöner Natur, in eine industrielle und verschmutzte Umgebung paddelt und am Ende eine Träne vergießt. Die von den Macher*innen gewollte Soll-Norm-Aussage ist: »Schützt die Umwelt, sie ist uns viel wert!« Die unterschwellige und widersprechende Ist-Norm-Aussage jedoch ist: »Amerika ist verschmutzt und da viele dafür verantwortlich sind, musst du dich nicht schlecht fühlen, wenn du es auch machst.« In diesem Spot haben die Produzent*innen deshalb aus psychologischer Sicht neben einer Betonung der Soll-Norm unerwünscht auch eine Ist-Norm betont, was Zweifel aufkommen lässt, ob der Spot bewirken kann, worauf er abzielt.

Interessanterweise können Ist-Normen ungewollte *Boomerang-Effekte* erzeugen. Wenn die Ist-Norm umweltschützend ist (z. B. viele Bürger*innen der Nachbarschaft sich stromsparend verhalten), bewegt sie auf der einen Seite viele, bisher wenig umweltschützende Menschen dazu, sich dieser Norm anzupassen (und mehr Strom zu sparen). Auf der anderen Seite gibt es aber auch eine Personengruppe, deren Verhalten schon stark umweltschützend ist (weil sie sehr wenig Strom verbrauchen). Wenn diese Gruppe lediglich zurückgemeldet bekäme, dass sie ungewöhnlich viel Strom spart, könnte sie im Sinne einer Anpassung an die Ist-Norm infolgedessen mehr Strom verbrauchen als zuvor, sich also weniger umweltschützend verhalten. Dies ist der sogenannte Boomerang-Effekt. Dem Boomerang-Effekt können wir entgegenwirken, indem wir zusätzlich eine Soll-Norm ins Spiel bringen und

+ ↗ *www.youtube.com/watch?v=j7OHG7tHrNM*

Der Einfluss von IST-Normen: Wenn viele andere Briefkästen einen Aufkleber haben, steigt die Wahrscheinlichkeit, dass ich auch einen Aufkleber anbringe.

erwähnen, dass z. B. »in der Nachbarschaft Stromsparen verbreitet ist und gut geheißen wird«. In einer zu unserem Beispiel passenden Studie wurde einer IST-Norm-Nachricht ein Smiley beigefügt, der die SOLL-Norm vermittelte. Er verhinderte nachweislich, dass die Top-Energiesparer*innen sich ihren weniger energiesparenden Nachbar*innen anpassten.[67] Diese Ergebnisse betonen, wie wichtig es ist, bereits umweltfreundliche Verhaltensweisen wertzuschätzen.[35]

Fazit: Wenn SOLL- und IST-Norm beide für das Umweltschutzverhalten sprechen, sollten wir sie unbedingt hervorheben. Spricht eine IST-Norm gegen eine umweltschützende SOLL-Norm, sollten wir die IST-Norm unerwähnt lassen, weil sie die positiven Effekte der SOLL-Norm gefährdet. Boomerang-Effekte der IST-Norm vermeiden wir, indem eine SOLL-Norm zusätzlich ins Spiel gebracht wird.

⊖ Vorbildverhalten

Eine Methode, um umweltschützende Normen aufzuzeigen, ist soziales Modellverhalten. Es hat sich in der Psychologie als erfolgreiche Strategie erwiesen, um Umweltschutzverhalten zu fördern.[74] *Soziales Modellverhalten* im Umweltschutz bedeutet, einen nachhaltigen Lebensstil vorzuleben. Die nachhaltige Lebensweise muss hierfür nicht direkt beobachtet werden, sie kann sich z. B. auch in Gesprächen herauskristallisieren.[57] Wichtig ist dabei, dass das Gespräch keinen missionarischen Charakter hat. Sonst wird wahrscheinlich eine Trotzreaktion, die sogenannte *Reaktanz,* einer möglichen Veränderungsmotivation entgegenwirken. Das Vorbild kann sowohl eine berühmte Person des öffentlichen Lebens als auch jede*r von uns sein.

Beispielsweise können wir uns eine Umweltkampagne mit Sportler*innen als Vorbilder vorstellen, die für eine gesunde und fleischarme Ernährung werben.[51] Hier ist allerdings anzumerken, dass der Einsatz von attraktiven Befürworter*innen eher ein Mittel ist, um uns bei der Entscheidung zwischen Marke A und B zu beeinflussen und keine erfolgreiche Methode, um tiefgreifenden Lebensstilwandel zu bewirken.[8] Die vorgeschlagene Kampagne ist also eher Teil einer Gesamtstrategie und würde vor allem Menschen bestärken, die nachhaltige Ernährung schon gut finden oder bereits Schritte in diese Richtung gemacht haben. Darüber hinaus sollten auch Interessen und Ehrlichkeit der Beteiligten hinterfragt werden.

❦ Ein gelungenes Beispiel für die Verwendung von Vorbildern ist die Kampagne »Stop talking. Start planting.« der Kinder- und Jugendinitiative *Plant-for-the-Planet*[+]. Bei dieser Kampagne halten Kinder-Botschafter*innen für Klimagerechtigkeit berühmten Erwachsenen, wie Felipe von Spanien, Peter Maffay oder Oliver Kalkofe, den Mund zu. Die Nachricht dabei ist, dass Umweltschutz nicht nur durch reden, sondern durch aktives Engagement gefördert werden kann. In dieser Kampagne treten nicht die prominenten Menschen, sondern die Kinder als Vorbilder auf.

Eine kleinere, aber deshalb nicht weniger bedeutende, Methode ist die Verbreitung von nachhaltigen Verhaltensweisen durch einzelne nicht berühmte Vorbilder. Bei vielen Organisationen (z. B. Plant-for-the-Planet oder Lebensmittelretter) gibt es mittlerweile sogenannte Botschafter*innen, die für die Verbreitung der Aktion in ihrer Region zuständig sind und als Vorbild

+ ↗ *www.plant-for-the-planet.org*

Bild: Plant-for-the-Planet

Kampagne »Stop Talking. Start Planting« von Plant-for-the-Planet.

voranschreiten. Darüber hinaus können wir uns auch selbst als Multiplikator*innen nachhaltiger Lebensstile verstehen. Wenn wir zu Nachhaltigkeit ermutigen möchten, sollten wir uns selbst gegenüber anderen möglichst offensichtlich nachhaltig verhalten und Verhaltensspuren hinterlassen.[35] ✤ So legt zum Beispiel Niki Harré, die Autorin von »Psychology for a Better World«, ihren Fahrradhelm demonstrativ auf ihren Büroschreibtisch, damit er anderen Menschen ihre nachhaltige Verkehrsmittelwahl signalisiert.[35]

Selbst wenn wir manchmal das Gefühl haben, nicht genug bewirken zu können, erreichen wir unbewusst doch vieles. Leben wir nachhaltige Verhaltensweisen vor anderen sichtbar und mit Überzeugung aus, so haben wir eine positive Auswirkung auf das Verhalten der Leute, die uns umgeben.

Fazit: Umweltverhalten kann gefördert werden, indem es von anderen Menschen vorgelebt wird. Diese Menschen könnten Sportler*innen, Prominente, aber auch jede*r Einzelne von uns sein. Wichtig ist dabei, den nachhaltigen Lebensstil für andere sichtbar zu machen.

⊖ Minderheiteneinfluss nutzen

In den bisherigen Abschnitten zu sozialen Normen wurde vor allem der Einfluss sozialer Mehrheiten betont. Allerdings können sich auch Minderheitenmeinungen auf das individuelle Umweltverhalten auswirken. Als Umweltschützer*innen befinden wir uns häufig in einem Umfeld, in dem wir in der Minderheit sind. Obwohl unsere soziale Gruppe entsprechend kleiner ist, sollte ihr Einfluss jedoch nicht unterschätzt werden. Nicht selten werden Vorschläge, die wir zu vermitteln versuchen, im ersten Moment von der Mehrheit abgelehnt (z. B. wenn ich die Einführung von Recycling-Papier für das Drucken an meiner Arbeitsstelle fordere). Allerdings zeigt Forschung zu Minderheiteneinflüssen, dass solche Nachrichten häufig im Stillen verarbeitet werden und ihre Wirkung dann verspätet zeigen.[35] Daraus lässt sich schließen, dass der erste Anschein, ein Veränderungsversuch sei missglückt, auch trügen kann. Da die Umweltschutzthematik häufig von einer Minderheit zur Sprache gebracht wird, sollten wir einige Hinweise beachten, damit die Aussagen als relevant und glaubwürdig anerkannt werden. Aussagen sollten stimmig sein und eher auf Fakten als auf Meinungen basieren.[35] Zusätzlich reicht häufig schon ein weiterer Befürworter oder eine weitere Befürworterin aus, um andere zum Nachdenken zu bringen. Dies trifft besonders dann zu, wenn die anderen davon ausgehen, dass der oder die Befürworter*in genauso wie sie in der Regel die Mehrheitsmeinung vertritt.

Fazit: Auch in Situationen, in denen Umweltschutz eine Minderheitenmeinung darstellt, sollten Umweltschützer*innen sich nicht entmutigen lassen. Abgelehnte Vorschläge können (zunächst) unsichtbare Effekte haben. Es ist hilfreich, andere Befürworter*innen zu gewinnen und sachlich zu argumentieren.

3

(Verhaltens-)Kosten und Nutzen

Individuelle Hürden und Sprungbretter

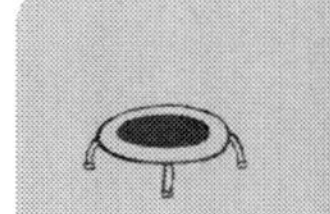

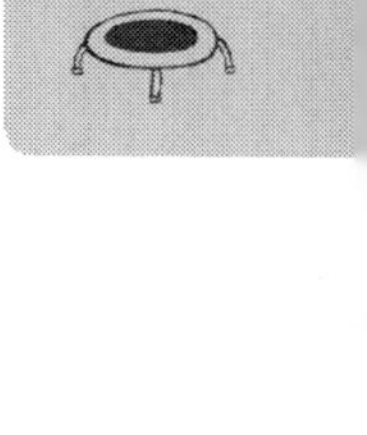

Was sind (Verhaltens-)Kosten und Nutzen?

❦ Ein Freund möchte gerne meine Beratung beim Einkauf eines Pullovers haben. Ich habe mir eigentlich vorgenommen, nur noch ökologische Mode oder Second-Hand-Kleidungsstücke zu kaufen. Als ich im Laden stehe, fällt mir eine Hose ins Auge. Ich könnte nun nachsehen, ob es in den Online Shops der nachhaltigen Modelabels oder bei einem Second-Hand-Anbieter im Internet eine ähnliche Hose gibt. Leider gibt es in meiner Stadt keine nachhaltigen Kleidungsgeschäfte, weshalb ich viel Arbeit in die Recherche investieren, einen großen Batzen Geld in die Hand nehmen müsste und nicht einmal sicher sein könnte, ob mir die im Internet erworbene Hose passt. Oder ich mache eine Ausnahme entgegen meinen eigenen Werten, kaufe die Hose – und verbringe noch einen schönen Tag mit meinem Freund.

Wie in dieser Situation kann jede Entscheidung durch das Abwägen positiver und negativer Folgen getroffen werden. Allgemein versuchen wir, die – von uns angenommenen – *Kosten* zu verringern bzw. zu vermeiden. Zu den Kosten zählen einerseits *Verhaltenskosten* (sich z. B. im Urlaub nicht stressen lassen) und andererseits *monetäre Kosten*.[51] Den von uns erwarteten *(Verhaltens-)Nutzen* wollen wir möglichst vergrößern. Je nach Situation kann das bedeuten, dass wir hedonistische Ziele »mich sofort besser fühlen« oder gewinnorientierte Ziele »meinen eigenen Besitz schützen und vermehren« vorziehen, weil ein gutes Kosten-Nutzen-Verhältnis besteht.[74] Andere Motive (z. B. die *persönliche ökologische Norm*) treten dann in den Hintergrund.

Wie können wir (Verhaltens-)Kosten und Nutzen mit Umweltschutz vereinbaren?

⊖ Belohnung und Bestrafung

Nicht nur in der Psychologie ist schon lang bekannt: Verstärkungsmechanismen der *Belohnung* und *Bestrafung* sind für Verhalten wichtig. Verhaltensweisen, die belohnt werden, werden eher wiederholt.[16] Verhaltensweisen, die bestraft werden, werden eher gemieden. Belohnt werden kann eine Handlung, indem sie eine positive Konsequenz hat oder indem eine negative Konsequenz ausbleibt. Bestraft werden kann sie, indem sie eine negative Konsequenz hat oder eine positive Konsequenz ausbleibt.

Deshalb ist es sehr naheliegend, dass wir auf der einen Seite versuchen sollten, umweltschützende Verhaltensweisen mit positiven Konsequenzen zu verbinden, z. B. Flaschenrecycling mit einer Einkaufsgutschrift belohnen.[51] Zudem sollten wir damit verbundene negative Konsequenzen möglichst entfernen, z. B. Fahrradwege sicherer machen. Auf der anderen Seite sollten umweltschädigende Verhaltensweisen unangenehmer werden, z. B. durch eine Erhöhung von Parkgebühren, oder ihre angenehmen Folgen sollten ausbleiben, z. B. könnte schnelles Vorankommen beim Autofahren durch Vorfahrtsregelungen zugunsten öffentlicher Verkehrsmittel verhindert werden. Eine besondere Art des Anreizes sind Wettbewerbe, bei denen Belohnungen in Aussicht gestellt werden.[66] Bei Spielen, Wettbewerben oder in einer Lotterie treten z. B. verschiedene Haushalte, Universitäten oder Schulen gegeneinander an.

In der Psychologie sind Belohnung und Bestrafung von umweltschutzbezogenem Verhalten gut untersuchte Felder, da beide eine starke Wirkung auf das Verhalten haben können. Häufig wird auf finanzielle Belohnung oder Bestrafung fokussiert. Es folgen einige Erkenntnisse, die dabei bisher gewonnen wurden:

Tipps zur Belohnung und Bestrafung

- **Belohnung ist wirksamer als Bestrafung.**[16] Obwohl Bestrafungen (z. B. Nutzungs- oder Entsorgungsgebühren) vielleicht die Wahrscheinlichkeit verringern, dass wir uns auf eine gewisse Weise verhalten, spricht vieles gegen ihren Einsatz. Eine Bestrafung informiert uns zwar darüber, was wir nicht machen sollen, sie liefert aber nicht automatisch einen Hinweis, was wir eigentlich machen sollen. Darüber hinaus regt Bestrafung dazu an, nach Wegen zu suchen, um diese Bestrafung zu umgehen. So führt eine am Gewicht orientierte Müllsteuer dazu, dass Müll z. B. in fremde Mülltonnen oder in den Wald illegal entsorgt wird.[75] Zusätzlich führen Bestrafungen zu einer negativen Bewertung der Bestrafenden.

- **Anreize sollten zeitnah sein.**[16] Nur wenn Belohnungen zeitnah zu dem gewünschten Verhalten gegeben werden, wird das Verhalten mit dem Anreiz assoziiert und infolgedessen häufiger ausgeführt. Neue Technologien, wie z. B. Solaranlagen oder Elektroautos, zahlen sich häufig erst langfristig aus. Gerade hier sind deshalb direkt belohnende Rabatte beim Kauf empfehlenswert, damit wir uns für eine nachhaltige Investition entscheiden.

- **Anreize sollten groß genug, aber nicht zu groß sein.**[16] Als zu groß empfundene Belohnungen für Umweltschutzverhalten können die Wahrscheinlichkeit verringern, dass das Verhalten weiterhin ausgeführt wird, nachdem die Belohnung wieder aussetzt. Dies wird von Wissenschaftler*innen darauf zurückgeführt, dass der Schein erweckt wird als wären die Verhaltensweisen unangenehm, weil man für sie einen so großen Köder benötigt. Darüber hinaus führen zu große Anreize dazu, dass ich meine Verhaltensmotivation auf den Anreiz und nicht auf den Schutz der Umwelt zurückführe. Besser sind mittlere und angemessene Belohnungen, die mich reizen und mir gleichzeitig das Gefühl geben, mich umweltschonend zu verhalten, weil ich die Umwelt schützen möchte.[20]

- **Vorsicht bei der Entfernung von Belohnung.**[16] Bei Verhaltensweisen, die nur einmal ausgeführt werden, kann die Belohnung nach dem Kauf entfernt werden, weil sie keine Auswirkungen mehr auf das Kaufverhalten haben kann – z. B. reicht ein einmaliger staatlicher Zuschuss zum Kauf eines Elektroautos aus, um dessen Anschaffung zu motivieren. Bei permanenten Verhaltensweisen, z. B. jeglichem Verzichtverhalten, sieht dies jedoch anders aus. Wie oben erklärt, ist die Wegnahme einer positiven Konsequenz nämlich eine Art der Bestrafung. Ein Überblicksartikel von Dwyer und Kolleg*innen legt nahe, dass ein bestimmtes umweltfreundliches Verhalten wahrscheinlicher ist, während eine Belohnung gegeben wird.[21] Nach Entfernung der Belohnung ändert sich das Verhalten jedoch häufig wieder und gleicht der Ausgangssituation. Kaufe ich beispielsweise zwei Wochen lang Fairtrade-Schokolade, weil sie durch einen Preisnachlass kurzfristig billiger ist als gewöhnliche Schokolade, ist es wahrscheinlich, dass ich nach diesen zwei Wochen wieder zu einer konventionellen Schokolade wechseln werde. Für langfristige Gewohnheitsveränderungen müssen Belohnungen demnach andauernd sein. Können wir dies aus finanziellen oder anderen Gründen nicht umsetzen, sollten wir auf andere Strategien zurückgreifen. Ein Spezialfall sind Belohnungen, die eine erstmalige Ausführung ermöglichen. Hier kann die Wirksamkeit trotz Entfernung der Belohnung hoch sein.

- **Appelle an egoistische Werte vermeiden.**[11] Die Umweltschutzpsychologie unterscheidet in Anlehnung an die Wertetheorie von Schwartz zwischen *egoistischen Werten* (»Wie wichtig ist mir mein eigener Nutzen?«), *altruistischen Werten* (»Wie wichtig ist mir der Nutzen für andere Menschen?«) und *biosphärischen Werten* (»Wie wichtig ist mir der Nutzen für die Natur?«).[75] Dabei führen egoistische Werte häufig zu umweltschädigendem Verhalten, während altruistische und biosphärische Werte mit umweltschützendem Verhalten verknüpft sind. Die Nachhaltigkeitskommunikation versucht deshalb, die Vorteile des Umweltschutzes für verschiedene Wertorientierungen herauszuarbeiten. ❦ So ist es sinnvoll, vegetarische und regionale Ernährung zu befürworten, weil sie (1) Tiere nicht ausnutzt und Ressourcen schont (biosphärische Perspektive), (2) weniger CO_2 produziert und so Menschen in Ländern des Globalen Südens vor den Auswirkungen des Klimawandels bewahrt (altruistische Perspektive) und (3) zu einem gesünderen Lebensstil beiträgt (egoistische Perspektive). Auch bei Formulierungen sollten wir vermeiden, den egoistischen Nutzen zu sehr hervorzuheben, weil wir sonst egoistische Motive – den »Business-Blick« – anregen. Will ich beispielsweise über Rabatte bei einer biologischen Gemüsekiste informieren, sollte nicht die Möglichkeit, Geld zu sparen, sondern das umweltschützende Argument im Vordergrund stehen.

Fazit: Wir können umweltschützendes Verhalten fördern, indem wir es belohnen und negative Konsequenzen beseitigen. Umweltschädigendes Verhalten hingegen sollte ›bestraft‹ werden oder seine positiven Konsequenzen sollten wegfallen. Bei Belohnung und Bestrafung müssen wir Folgendes beachten: Unser Fokus sollte eher auf Belohnung als auf Bestrafung liegen. Bestenfalls werden Belohnungen zeitnah gegeben und sind angemessen, aber nicht zu groß. Belohnungen sind besonders bei einmaligem Verhalten sinnvoll, bei täglichen Verhaltensweisen bieten sie sich weniger an. Darüber hinaus sollten wir immer auch den Nutzen für die Natur und andere Menschen erwähnen und dabei den egoistischen Nutzen nicht überbetonen.

⊖ Verhalten bequemer machen

Aus den oben beschriebenen Wirkungen von Belohnung und Bestrafung können wir Grundsätze für die Gestaltung von Verhaltensveränderungen bei nicht-monetären Anreizen ableiten. Es ist z.B. besonders wichtig, Verhaltensweisen für die Handelnden möglichst bequem zu machen und hedonistische Bedürfnisse zu erfüllen. ❦ Es bedarf viel Übung und Selbstdisziplin, jeden Morgen eine Viertelstunde zur Bushaltestelle zu gehen, anstatt das Auto vor der Tür zu nehmen. Deshalb ist es sinnvoll, die Anbindung an den öffentlichen Verkehr zu verbessern, denn kürzere Wege bedeuten in der Regel, dass wir den öffentlichen Verkehr häufiger nutzen werden.[51]

Fazit: Es lohnt sich, Umweltschutzverhalten so einfach und angenehm wie möglich zu gestalten.

⊖ Leidenschaften nutzen

Es ist hilfreich, unsere bereits gegebenen Leidenschaften und Talente in einen nachhaltigen Lebensstilwandel einzubauen. Viele interessieren sich z.B. für Film, Kunst, Musik oder handwerkliche Tätigkeiten. Diese Bereiche lassen sich prima mit Umweltschutzaktionen und -verbreitung verbinden.[35] Ein Film über ökologische Landwirtschaft könnte gedreht oder ein Flashmob organisiert werden. Können wir unsere Kreativität einbringen und ausleben, wird Umweltschutz plötzlich zu dem, was er sein sollte: freiheitlich und erfüllend.

Auch aus der Sicht der *positiven Psychologie* sollte Umweltschutz mit Zufriedenheit einhergehen. Das Schaffen von positiven Erfahrungen bei nachhaltigen Verhaltensweisen ist unumgänglich und nicht einmal besonders schwierig. Nachhaltige Aktionen haben viel Potential, Spaß zu machen. ❦ Auf einer Klamottentauschparty, bei einem Protest-Konzert, im Gemeinschaftsgarten oder in Gesprächen bei einer Mitfahrgelegenheit sind nachhaltige Handlungen automatisch mit interessanten Erfahrungen verbunden.

Fazit: Es ist sinnvoll, Umweltschutz mit der Ausübung von Interessen und Talenten zu verknüpfen.

4

Abwägungsprozess und Intention
Anlauf nehmen

4.1 Abwägungsprozess Alles in die Waagschale

Im *Abwägungsprozess* werden *Kosten* und *Nutzen* einer Handlung gegeneinander aufgewogen, um letztlich eine Entscheidung treffen zu können, und es fließen auch die *persönliche ökologische Norm* und *soziale Normen* mit ein.[51] Es könnte zum Beispiel sein, dass ich aufgrund meiner *persönlichen ökologischen Norm* eine starke Tendenz zum Kauf regionaler Lebensmittel habe – diese könnte sich aus viel Wissen über die Vorteile regionaler und saisonaler Produkte speisen (*Problembewusstsein*), dem Gefühl, verantwortlich für Umweltschäden durch lange Transportwege zu sein (*Verantwortungsgefühl*), und dem Glauben, mit meinem Kaufverhalten etwas verändern zu können (*Selbstwirksamkeit*). Vielleicht sehe ich aber in meiner Familie, dass Lebensmittel aus Afrika und Südamerika gekauft werden, und die Produktpalette weit gereister Lebensmittel im Supermarkt fällt mir auch ins Auge. Auf der anderen Seite habe ich einen Freund, der gerade selbst versucht, sich regional zu ernähren und für mich als Vorbild dient (*soziale Normen*). Darüber hinaus könnte es sein, dass regionale und saisonale Produkte zwar preisgünstiger sind, meine Freundin und ich uns aber Zeit nehmen müssten, jeden Dienstag auf den Markt zu gehen – was neben Spaß auch einen Zeitaufwand bedeutet (*(Verhaltens-)Kosten und Nutzen*). Im Abwägungsprozess werden all diese Aspekte in Form von Vor- und Nachteilen des Verhaltens und der Verhaltenskonsequenzen gegeneinander abgewogen. Zudem spielen auch Erwartungen über die Wahrscheinlichkeiten bestimmter Vor- und Nachteile eine große Rolle.

Wie können wir den Abwägungsprozess unterstützen?

⊖ Achtsamkeit

Wenn wir achtsam sind – also unsere Aufmerksamkeit absichtsvoll und nicht wertend auf den gegenwärtigen Moment richten – können wir uns des inneren Autopiloten bewusst werden.[40] Während wir im Alltag häufig einfach in unseren gewohnten Abläufen denken, fühlen und handeln, geht es bei der *Achtsamkeit* darum, unsere Gedanken, Gefühle, Handlungsimpulse und Handlungen bewusst wahrzunehmen. Eine solche Bewusstheit ermöglicht uns, gewohnte Muster zu überdenken und unser Verhalten mehr in Einklang mit unseren *Werten* und Bedürfnissen zu bringen. Während es für den Umweltbereich bisher noch keine evaluierten Interventionen oder Trainings gibt, kommt Achtsamkeit im Bereich der Stressbewältigung bereits erfolgreich zum Einsatz.[45] Achtsamkeit dient zur Akzeptanz der eigenen momentanen Gefühle und Gedanken und fördert die Auseinandersetzung mit negativen Emotionen (siehe Kapitel 7.3) In Studien zeigte sich eine Verknüpfung zwischen Achtsamkeit und Umweltschutzverhalten, weniger materiellen *Werten* und einem niedrigen ökologischen Fußabdruck.[43]

Fazit: Durch Achtsamkeit können wir den inneren Autopiloten erkennen und die Ausrichtung steuern. So kann der Abwägungsprozess bewusster erfolgen.

⊕ Bewusst reflektieren

Das in diesem Handbuch verwendete Verhaltensmodell bietet eine gute Orientierung, um die verschiedenen Aspekte der eigenen Abwägungsprozesse bewusst zu reflektieren. ❦ So kann ich mich im Bereich der nachhaltigen Ernährung, fragen: Wie viel weiß ich bereits darüber? (*Problembewusstsein*) Wie nachhaltig ernähren sich Menschen in meinem Umfeld und wie sehr erwarten sie dies von mir? (*soziale Normen*) Welche Vor- und Nachteile hat es für mich, wenn ich mich nachhaltig bzw. nicht-nachhaltig ernähre? (*(Verhaltens-)Kosten und Nutzen*). Die individuelle Reflexion können wir unterstützen, indem wir Information über Vor- und Nachteile der verschiedenen Verhaltensoptionen bereitstellen.[75] Dies kann z. B. in Form einer Broschüre geschehen, die Vor- und Nachteile des umweltschützenden Verhaltens reflektiert darstellt. Eine bewusste Reflexion führt jedoch nicht automatisch zu einer Entscheidung für die umweltschützende Handlung. Es müssen auch viele Modellkomponenten für den Umweltschutz sprechen.

Fazit: Unterstützen wir die Reflexion der Vor- und Nachteile eines Verhaltens, so wird bewusster zwischen den Verhaltensoptionen abgewogen. Da dies nicht automatisch zu umweltschützendem Verhalten führt, ist die Kombination mit weiteren Maßnahmen nötig.

4.2 Intention Jetzt wird angepackt

Eng mit dem Abwägungsprozess verbunden ist die Intention. Sie ergibt sich aus dem Abwägungsprozess, steht aber noch vor der Handlung. Die *Intention* ist die Absicht, sich auf eine bestimmte Weise zu verhalten. Wir können uns darunter eine Art Handlungsplan vorstellen. Beispielsweise kann ich die Absicht haben, von nun an überwiegend vegetarisch einzukaufen. Diese Absicht wird aber nicht automatisch in Verhalten umgesetzt, sondern ist Barrieren ausgesetzt, die das erwünschte Verhalten verhindern können. Eine Metaanalyse vieler einzelner Studien ergab sogar, dass eine Verhaltensintention in vielen Fällen **nicht** zur tatsächlichen Umsetzung des Verhaltens führt.[71] Viele Maßnahmen zum Umweltschutz scheitern, weil sie genau hier, bei der Intention, aufhören und das tatsächliche Verhalten vernachlässigen. Deshalb ist die Brücke zwischen Absicht und tatsächlichem Verhalten von besonderer Wichtigkeit. Die bereits beschriebenen möglichen Umweltschutzmaßnahmen führen erst einmal nur zur Stärkung der Verhaltensintention – für die Übersetzung in Umweltschutzverhalten braucht es häufig mehr. Wie können wir also die Wahrscheinlichkeit erhöhen, dass eine umweltschützende Intention auch zu tatsächlichem Handeln führt?

Wie können wir die Umsetzung von Intentionen fördern?

⊖ Ziele setzen

Uns die eigenen Ziele genau vor Augen zu führen, ist eine wichtige Voraussetzung, um unsere Absichten umzusetzen. Ein **konkretes** Ziel erleichtert die Umsetzung der Verhaltensintention, weil wir nicht mehr das abstrakte Ziel »Energiesparen« verfolgen, sondern z. B. versuchen, »unseren Energieverbrauch um 20 Prozent zu senken«.[57] Durch die konkrete *Zielsetzung* erhalten wir einen Fixpunkt, mit dem wir unseren eigenen Fortschritt abgleichen können.[1]

Zielsetzung ist am effektivsten, wenn wir sie mit anderen Methoden der Verhaltensänderung verbinden. Die besten Ergebnisse für umweltschützende Handlungen kommen zustande, wenn die Zielsetzung mit einer *Belohnung* (Kapitel 3: *(Verhaltens-)Kosten und Nutzen*), genauen Instruktionen

(Kapitel 1.3: *Selbstwirksamkeit*) oder einer *Selbstverpflichtung* (Kapitel 1.2: *Verantwortungsgefühl*) kombiniert wird. Das zeigte eine Metaanalyse, die viele Studien mit Umweltschutzbezug auswertete.[57] Die Zielsetzung ist am wirksamsten, wenn Ziele hoch und gleichzeitig realistisch sind und innerhalb kurzer Zeit erreicht werden können.[75] Es bietet sich also an, ein großes Ziel in mehrere, klar formulierte Teilziele zu unterteilen – was sich auch auf das Erleben von Selbstwirksamkeit (Kapitel 1.3) günstig auswirkt. Ebenso ist eine klare Formulierung entscheidend.

Fazit: Bevor wir versuchen, unser Verhalten zu ändern, lohnt es sich, uns möglichst spezifisch zu fragen und darauf festzulegen, was genau unser Verhaltensziel ist.

STUDIE: »Traumpaar Feedback und Zielsetzung«

In einer Studie von Becker bekamen 80 Familien während der Sommermonate entweder ein schweres Energiesparziel (20-Prozent-Reduktion) oder ein leichtes Energiesparziel (2-Prozent-Reduktion).[9] Die Methode der Zielsetzung wurde in der Hälfte der Fälle mit einem *Feedback* (drei Mal wöchentlich) kombiniert. Alle Haushalte erhielten zudem Informationen über die Verhaltensweisen bzw. Geräte, die am meisten Energie verbrauchen. Die einzige starke Verhaltensänderung wurde in der Gruppe gefunden, die ein schwieriges Ziel kombiniert mit *Feedback* erhalten hatten. Sie sparten ca. 14 Prozent ihrer Energie.[1]

⊖ Implementationsabsichten

Die psychologische Forschung zeigt, dass es sich lohnt, über Zielsetzungen hinauszugehen und Vorhaben noch weiter zu konkretisieren. Derartige Konkretisierungen von Verhalten werden als *Implementationsabsichten* bezeichnet. Psycholog*innen sprechen von *Implementation Intentions.*

Hier sind mögliche Fragen zu Implementationsabsichten anhand des Zieles »Ich möchte im Bioladen einkaufen gehen« erläutert:

- **Wann** findet das Verhalten statt? *Ich möchte jeden Mittwoch nach der Arbeit um 18 Uhr im Bioladen einkaufen gehen.*
- **Wo** findet das Verhalten statt? *Im Bioladen in der Zwätzengasse.*
- **Wie** gelange ich dorthin? *Mit meinem Fahrrad.*
- **Wie** transportiere ich die Einkäufe? *Mit Stofftüten, die ich morgens einpacke.*
- **Wer** ist involviert? *Erst einmal werde ich alleine einkaufen gehen.*
- **Was passiert, wenn** mich eine Kollegin nach der Arbeit zum Abendessen einlädt? *Dann gehe ich mit ihr zum Abendessen ins Biorestaurant neben dem Bioladen. Dann habe ich trotzdem noch bis 20 Uhr Zeit für den Einkauf.*
- **Was passiert, wenn** ich einen Termin außerhalb habe und nicht im Stadtteil bin? *Dann werde ich in dem Stadtteil des Bioladens Abendessen gehen und danach einkaufen.*
- **Was passiert, wenn** ich die Stofftüten vergesse? *Dann kaufe ich schon einmal die leichten und kleineren Lebensmittel ein. Am Freitag kann ich nach der Physiotherapie, die in der Nähe stattfindet, dann Getränke und schweres Obst und Gemüse holen.*
- **Was mache ich, wenn** mein Geld diesen Monat nicht ausreicht, um 6 Euro für das Kilo Bio-Paprika auszugeben? *Dann schaue ich, welches regionale Gemüse gerade im Angebot ist.*

Wir wollen Verhaltensintentionen in tatsächliches Verhalten umsetzen. In der Forschung hat es sich dafür als effektiv erwiesen, Implementationsabsichten zu formulieren.[74] Sie helfen uns, unsere neue Verhaltensweise schon im Voraus auf eine gewisse Art zu automatisieren und in den Alltag zu integrieren. So werden wir in der Situation nicht abgelenkt oder mit spontanen Konflikten konfrontiert und Rückfälle werden schließlich vermieden.[18]

Darüber hinaus wird mir durch Wenn-Dann-Fragen bewusst, in welchen Situationen das Ziel **überhaupt relevant** ist.[18] ❦ Zum Beispiel könnte mein Ziel, mich vegetarisch zu ernähren, durch verschiedene soziale Situationen erschwert werden. Was mache ich, wenn meine Mutter sich über meine »Fehlernährung« beschwert? Was mache ich, wenn ich nächstes Jahr in ein Land reise, wo die einzige vegetarische Speise Reis ist? All diese Situationen werden durch die Formulierung von Implementationsabsichten im Voraus bedacht. Als positiven Nebeneffekt können sie außerdem unsere *Selbstwirksamkeit* stärken.[52]

Implementationsabsichten zeigten ihre Wirksamkeit bereits in einigen Studien zur Einhaltung von Fahrtgeschwindigkeiten[23], zur Verringerung des PKW-Fahrens[24], zur Nutzung öffentlicher Verkehrsmittel und zum Kauf nachhaltiger Produkte[3].

Fazit: Implementationsabsichten helfen uns, mit W-Fragen und Wenn-Dann-Sätzen ein Umweltschutzziel so sehr zu konkretisieren, dass wir es mit großer Wahrscheinlichkeit umsetzen werden.

⊖ Erinnerungshilfen: Prompts

Prompts sind kleine Erinnerungshilfen, z. B. Sticker an Lichtschaltern oder Computern, die uns an das Ausschalten zum Stromsparen erinnern. Sie weisen uns also auf ein Verhalten hin, enthalten aber normalerweise keine grundlegenden Informationen.[57] ❦ Ein gutes Beispiel für die Anwendung von Prompts ist die Initiative »Es war einmal ein Baum…«[+], bei der Sticker mit der genannten Aufschrift an Papierhandtuch-Spendern, Druckern und Briefkästen angebracht werden. Dieses kleine Hinweisschild kann genügen, um die Verhaltensintention, Papier zu sparen, zu aktivieren. In der Metaanalyse von Osbaldiston und Schott zeigten sich Prompts als effektives Mittel zur Verbreitung von umweltschützendem Verhalten.[57]

Unter welchen Bedingungen sind sie am wirksamsten?

- Wenn der Prompt zeitlich und räumlich nahe am Verhalten liegt.[16]
- Wenn das Verhalten leicht auszuführen ist.[47]
- Wenn der Prompt eindeutig definiert ist.[47]
- Wenn die Nachricht höflich formuliert ist.[12]
- Wenn der Prompt das korrekte Verhalten anspricht, z. B. »Bitte das Licht ausschalten« anstatt »Bitte nicht das Licht anlassen«.[30]

Fazit: Prompts helfen uns, eine umweltschützende Absicht umzusetzen, indem sie uns als kleine Nachricht im richtigen Moment daran erinnern. Sie sollten zeitlich und räumlich nah, höflich, eindeutig und leicht auszuführen sein und sich auf das gewünschte Verhalten fokussieren.

\+ ↗ *www.es-war-einmal-ein-baum.de*

5

Umweltverhalten und seine Folgen

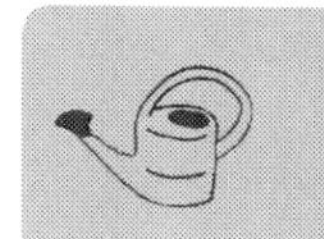

Auf dem Weg zur Routine

Was folgt auf Umweltverhalten?

Die bisher beschriebenen Komponenten des psychologischen Modells zur Erklärung nachhaltigen Handelns haben einen Einfluss darauf, wie wir handeln. Als Resultat können wir uns (vereinfacht gesprochen) entweder umweltschützend oder umweltgefährdend verhalten, z. B. recyceln oder nicht recyceln. Der Einfachheit halber wird hier mit den klaren Kategorien umweltschützend oder umweltgefährdend gearbeitet, auch wenn sie in der Realität natürlich häufig verschwimmen.

Verhält sich ein Mensch nicht umweltschützend, obwohl die *persönliche ökologische Norm* eigentlich für Umweltschutzverhalten spricht, entsteht ein unangenehmer Spannungszustand. Psycholog*innen nennen dies *kognitive Dissonanz* (siehe Kapitel 1.2: *Selbstwirksamkeit*). Typischerweise werde ich versuchen, den unangenehmen Widerspruch zwischen meinen *Werten* und meinem Verhalten aufzulösen. ❦ Entweder ändere ich das nächste Mal mein Verhalten, z. B. suche ich mir ein Reiseziel, das ohne Flugzeug zu erreichen ist. Oder ich verändere meine Meinung und passe sie dem Verhalten an, z. B. indem mein *Verantwortungsgefühl* sinkt, weil ich denke »Mein Anteil beim CO_2-Ausstoß ist verschwindend gering. Wenn ich fliege, hat das insgesamt kaum negative Auswirkungen«. Bei der zweiten genannten Strategie definiere ich die Situation in einer Weise um, die möglichen Schuldgefühlen entgegenwirkt (mehr dazu im Exkurs 7.3: *Bewältigungsstrategien*). Psycholog*innen sprechen auch von einer *Redefinitionsschleife*, die bei kognitiver Dissonanz in Gang gesetzt wird.[51]

Verhält sich ein Mensch umweltschützend, kann etwas eintreten, was in der Psychologie als *Spillover-Effekt* bekannt ist.[31] Kleines Engagement schwappt sozusagen über und führt damit schrittweise zu einem größeren Engagement. ❦ Beispielsweise könnte ich einen »Atomkraft? Nein danke!«-Aufkleber am Fahrrad befestigt haben. Führe ich das Verhalten auf meine *persönlichen Überzeugungen* zurück, kann dieses erste »Engagement« einen weiteren Einsatz für größere Umweltschutzaktionen wahrscheinlicher machen.[16] Vielleicht gehe ich daraufhin zu der nächsten Anti-Atomkraft-Demo. Das Engagement kann sich so von niedrigschwelligen Umweltverhaltensweisen zu sehr wirkungsvollem Verhalten ausbreiten.[31] Bisher konnte in der Forschung jedoch nur ein Spillover-Effekt innerhalb desselben Themenbereichs gefunden werden.[31] Ein positiver Effekt auf andere Umweltschutzbereiche hat sich nicht gezeigt.[36] Am Beispiel gesprochen könnte das Verhalten, beim Verlassen eines

Raumes das Licht auszuschalten, zum Einsatz von Energiesparlampen oder zum Wechsel zu einem Ökostromanbieter führen, jedoch nicht zu einer Kleidungskonsumreduktion. Unterm Strich bedeutet das alles aber, dass kleine Umweltverhaltensmaßnahmen nicht unterschätzt werden sollten, da sie als Türöffner für größeres Engagement in demselben Bereich dienen können.[31]

Trotzdem ist es häufig sinnvoll, sich auf Verhaltensweisen mit großer Umweltschutzwirkung zu fokussieren. Denn der Gegenspieler des *Spillover-Effekts* kann die Wirkung kleiner Umweltmaßnahmen leicht umkehren: der *Rebound-Effekt.* So könnte ich beispielsweise durch mein stromsparendes Verhalten Geld sparen, das ich nun in einen zweiten Kühlschrank investiere (siehe »Warum ist Psychologie im Umweltschutz wichtig?« in der Einführung). Eine Studie des Umweltbundesamtes ergab, dass sich direkte und indirekte Rebound-Effekte in verschiedenen Verhaltensdomänen finden lassen.[59] Deshalb ist es besonders wichtig, einen Fokus auf Verhaltensweisen mit großem Umwelteinfluss zu legen.[46] Dazu gehören beispielsweise Wärmedämmung, Mobilität aus eigener Kraft und eine fleischarme Ernährung. Bilharz schlägt weitere Kriterien vor, nach denen Verhaltensweisen als mehr oder weniger relevant für die Umweltkommunikation eingestuft werden können: die Dauerhaftigkeit des Effektes und die Außenwirkung des Verhaltens.[10] Im besten Fall sollte ein Verhalten von anderen beobachtet werden können, Trendpotential haben, Skaleneffekte[+] erzeugen, Infrastrukturen sowie politische Strukturen beeinflussen und sich positiv auf nachhaltige Unternehmen und Organisationen auswirken.

Fazit: Kleine Maßnahmen werden manchmal unterschätzt. Trotzdem ist ein Fokus auf Verhaltensweisen mit großem Umwelteinfluss sinnvoll.

\+ *Skaleneffekte bilden ab, ob ein Verhalten erleichtert wird, wenn viele Menschen es ausführen.[10] Wenn z. B. der biologische Einzelhandel durch erhöhte Nachfrage wächst, sinken die Kosten und steigt die Vielfalt von biologischen Produkten, wodurch wiederum ein größeres Publikum angesprochen wird.*

Wie kann das Umweltschutzverhalten dauerhaft aufrechterhalten werden?

⊛ Selbstbelohnung

Bild: Zöllner2, Weimar

So lecker kann die Selbstbelohnung bei einem veganen Brunch mit saisonalen Zutaten sein.

Haben wir ein umweltschützendes Verhalten wie beabsichtigt ausgeführt, sollten wir uns selbst dafür belohnen. Denn Verhalten, das belohnt wird, wird mit erhöhter Wahrscheinlichkeit wieder ausgeführt.[16] Habe ich mich erfolgreich einen Monat fleischlos ernährt, so könnte ich mich beispielsweise mit einem Essen im vegetarischen Restaurant belohnen. Auch *Feedback* (Kapitel 3.3), das positiv ausfällt, kann als eine Art der *Belohnung* gesehen werden.[16] Weitere Tipps zu *Belohnung* und damit auch zur Selbstbelohnung finden sich in Kapitel 3 zu *(Verhaltens-)Kosten und Nutzen.*

Fazit: Haben wir ein umweltschützendes Verhalten ausgeführt, so können wir uns selbst auf die Schulter klopfen und uns belohnen.

⊖ Selbstregulation stärken

Nachdem der erste Schritt getan ist und ich in der Folge mein umweltschützendes Verhalten aufrechterhalten möchte, brauche ich eine große *Selbstregulationsfähigkeit*, also die Fähigkeit, mich selbst zu kontrollieren.[62] Nicht selten sprechen meine Wünsche nach Bequemlichkeit oder geringer finanzieller Belastung, also *(Verhaltens-)Kosten und Nutzen*, gegen umweltschützendes Verhalten. ❦ Beispielsweise muss ich nach der Formulierung meines Vorsatzes, öfter Second-Hand-Kleidung zu kaufen, immer noch durch Einkaufsstraßen hindurch laufen, in denen modische und preiswerte Kleidungsstücke ausgestellt sind. Nur mit einer gewissen Selbstregulation kann ich einen »Rückfall« vermeiden. Deshalb muss ich mir überlegen, was mir helfen könnte, meinen Vorsatz langfristig umzusetzen. Eine Second-Hand-Shopping-Tour mit der besten Freundin oder dem besten Freund könnte z. B. eine Hilfestellung sein. Die schönen Erfahrungen des Zusammenseins erleichtern hierbei die kontinuierliche Umsetzung meines Vorsatzes. Eine der wichtigsten nicht-monetären *Belohnungen* ist soziale Anerkennung.[16] Soziale Anerkennung und Unterstützung können es uns erleichtern, die Kontrolle über unser Verhalten zu bewahren. Forscher*innen gehen davon aus, dass wir Selbstregulationsfähigkeit langfristig trainieren können. Kurzfristig unterstützt Entspannung eine hohe Selbstregulationsfähigkeit.

Aus psychologischer Sicht sollten wir mit der abverlangten Selbstregulation sparsam umgehen. Wir können sie uns wie eine Batterie vorstellen, die irgendwann leer ist und durch eine Pause wieder aufgeladen werden muss. Wir sollten unsere Ziele also nicht zu hoch stecken, z. B. indem wir den Anteil an Second-Hand-Kleidung allmählich steigern. Denn Selbstregulation ist kein Zustand, in dem Menschen sich über längere Zeit aufhalten wollen.[35] Es ist deshalb sinnvoll, Leidenschaften und Talente (Kapitel 3: *(Verhaltens-) Kosten und Nutzen*), die keine Selbstregulation abverlangen, in einen nachhaltigen Lebensstilwandel einzubeziehen.

Fazit: Damit Umweltschutzverhalten dauerhaft aufrechterhalten wird, sollte es möglichst wenig Selbstregulation abverlangen. Tut es dies doch, sind Erholungsphasen wichtig.

⊖ Bei vielen Aspekten ansetzen

Wir können außerdem die bereits erwähnten Fördermethoden für umweltschützendes Verhalten anführen, um Umweltverhalten dauerhaft aufrechtzuerhalten. Um Verhalten durchgehend umzusetzen, müssen wir uns der Verhaltensweise gegenüber verpflichtet fühlen (Kapitel 1.2: *Selbstverpflichtung*) und in der Situation an die Verhaltensweise erinnert werden (Kapitel 4: *Prompts*). Darüber hinaus sollten mögliche Barrieren identifiziert und Lösungen für sie geplant werden (Kapitel 4: *Implementationsabsichten*). *Feedback* (Kapitel 1.3) über das Verhalten und *soziale Normen* (Kapitel 2), die Nachhaltigkeit unterstützen, können auch zur Aufrechterhaltung des Verhaltens beitragen. All diese Methoden können es ermöglichen, neue nachhaltige *Gewohnheiten* zu entwickeln. Dem wichtigen Thema *Gewohnheiten* widmen wir nun ein eigenes Kapitel.

Fazit: Sprechen viele der Modellkomponenten für Umweltschutzverhalten, wird es eher zur Gewohnheit.

6

Gewohnheiten

Alte Muster durchbrechen

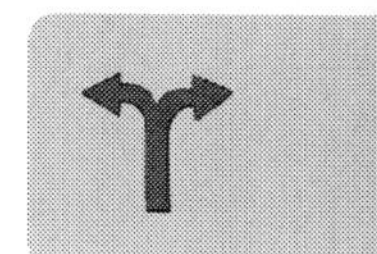

Was sind Gewohnheiten?

In einer Studie erwiesen sich 35 bis 53 Prozent unserer Verhaltensweisen als Gewohnheiten – es ist also kein Wunder, dass sie für den Umweltschutz sehr bedeutsam sind.[80] Unter *Gewohnheiten* verstehen Psycholog*innen ein über Jahre erworbenes Verhaltensskript, das mit bestimmten Situationshinweisen verknüpft ist.[75] An vielen Stellen des psychologischen Modells zur Erklärung nachhaltigen Handelns können Gewohnheiten Einfluss ausüben und sich direkt oder indirekt auf unser Verhalten auswirken. Gewohnheiten können z. B. die Aktivierung umweltrelevanter Normen im Schulkontext erleichtern oder erschweren.[51] Denn wir tendieren dazu, Informationen eher aufzunehmen, wenn sie unsere schon bestehenden Entscheidungen bestätigen.[74] Abweichende Informationen blenden wir entsprechend häufiger aus. Gewohnheiten beeinflussen auch die *Verhaltenskosten*, weil gewohnte Verhaltensweisen normalerweise die bequemere Variante sind und jede Änderung von Gewohnheiten Energie kostet.[51]

In den bisherigen Kapiteln wurde hauptsächlich davon ausgegangen, dass wir Menschen **überlegte** Entscheidungen treffen. Aber wägen wir bei jedem Verhalten wirklich jegliche *Kosten und Nutzen*, *persönliche ökologische* und *sozialen Normen* ab? Nein. Gewohnheiten bilden hier eine Ausnahme, da sie ohne großen kognitiven Aufwand, häufig sogar unbewusst umgesetzt werden.[74] Gewohnheiten zeichnen sich dadurch aus, dass sie häufig, stabil, automatisch und typischerweise bei der Erreichung eines bestimmten Ziels erfolgreich sind.[75] Häufig ist das Ablegen alter Gewohnheiten mit hohen persönlichen *Verhaltenskosten*, wie z. B. mentaler Anstrengung, verbunden. Dennoch gibt es einige Strategien, um einen Umstieg zu erleichtern. Zwei Methoden, alte Gewohnheiten zu durchbrechen und neue zu etablieren, wurden bereits beschrieben: *Implementationsabsichten* und *Prompts* (siehe Kapitel 4.2). Von einer weiteren berichten wir im nächsten Absatz.

Wie kann ich alte Gewohnheiten aufbrechen?

⊖ Temporäre starke Veränderung der Handlungssituation

Gewohnheiten können wir unterbrechen, indem wir die aktuelle Handlungssituation für einen kurzen Zeitraum verändern. ❦ Werden Autofahrer*innen durch Straßenarbeiten auf einer Hauptstraße dazu gebracht, für einige Tage den öffentlichen Nahverkehr zu nutzen, ist es danach wahrscheinlicher, dass sie öffentliche Verkehrsmittel benutzen und ihr PKW-Fahrverhalten reduzieren.[27] Einen ähnlichen Effekt kann die Vergabe von Freitickets für öffentliche Verkehrsmittel haben. Mit Freitickets kann eine neue Verhaltensweise erprobt und ein altes Gewohnheitsmuster durchbrochen werden.[51] Diese Aktionen sind besonders sinnvoll, wenn der Zustand der Bus- und Zuglinien und die Reisedauer besser ist als von Autofahrer*innen im Voraus erwartet. Wir werden zu Gewohnheitsänderungen ermutigt, wenn wir eine positive Erfahrung machen, die unsere Erwartungen übersteigt.

Außerdem können Gewohnheiten sich besonders in Lebensphasen mit großen Umbrüchen verändern, also in der Regel bei *kritischen Lebensereignissen*. In diesen Phasen werden alte Gewohnheitsmuster zwangsläufig aufgebrochen und es entsteht Platz für neue. Kritische Lebensereignisse können der Studiums- oder Berufsbeginn, ein neuer Job, Umzug oder die Geburt des ersten Kindes sein.[51] ❦ So wären beispielsweise Studierende im ersten Semester eine vielversprechende Zielgruppe, um eine Bankenwechselaktion hin zu nachhaltigen Banken durchzuführen. Oder eine Stadt setzt sich dafür ein, dass neu zugezogene Menschen eine kostenlose Monatskarte für den öffentlichen Nahverkehr erhalten.

Fazit: Werden Gewohnheiten kurzzeitig, z.B. durch kritische Lebensereignisse, durchbrochen, ist die Zeit günstig für das Ausprobieren neuer und umweltfreundlicher Handlungsalternativen. Im besten Fall führt das neue Verhalten zu einer positiven Erfahrung, die vorherige Erwartungen übertrifft.

7

Emotionen
Gefühle im Fokus

Positive Emotionen wie Freude, Hoffnung, Interesse und Liebe und *negative Emotionen* wie Trauer, Wut und Angst können für Umweltschutzverhalten sowohl Vorteile als auch Nachteile haben. Relevant in Bezug auf umweltschützendes Verhalten sind Emotionen, die im Moment der Handlung oder danach auftreten. Aber auch antizipierte Emotionen sind wichtig, denn sie treten **vor** der Handlungsausführung ein und nehmen so Auswirkung auf die Entscheidung, ob und wie ich mich verhalte. Es macht also einen Unterschied, ob ich davon ausgehe, dass die Handlung eher zu positiven oder zu negativen Gefühlen führen wird.

7.1 Positive Emotionen Freude, Hoffnung, Interesse und Liebe

Welche Vorteile haben positive Emotionen?

Positive Emotionen fördern Offenheit, Kreativität und lassen uns nach Möglichkeiten Ausschau halten und sie ergreifen.[35] Eine Studie über Verhandlungsfähigkeit zeigte darüber hinaus, dass Menschen in einer fröhlichen Stimmung effizienter und effektiver verhandeln und weniger konfrontative Taktiken benutzen als Menschen in neutraler Stimmung.[13]

Wie können positive Emotionen hervorgerufen werden?

⊖ Unterstützung und Anerkennung in der Gruppe

Soziale Gruppen bieten eine gute Möglichkeit für ihre Mitglieder, positive Gefühle der Anerkennung und Unterstützung zu bekommen. In einer Umweltschutzgruppe Mitglied zu sein, kann die entscheidende Brücke zwischen meinen individuellen Handlungen und den gesellschaftlichen Auswirkungen sein.[16] Eine norwegische Studie fand heraus, dass die Zugehörigkeit zu einer Umweltschutzgruppe große Vorteile für den Umweltschutz bringt. Die Vorteile gehen weit über eine positive Wirkung auf Umweltschutzeinstellungen hinaus.[56] So werden uns die eigenen Gewohnheitshandlungen oft erst in Gruppendiskussionen über Umweltschutzthemen bewusst. Außerdem bieten Gruppen ihren Mitgliedern soziale Unterstützung und praktische Hilfestellungen.[16] Besonders wichtig sind die Wertschätzung für die einzelnen umweltschonenden Handlungen und das Engagement im Naturschutz allgemein – sie sollten also in jeder Gruppe gepflegt werden.

Dennoch ist die tatsächliche Umsetzung von sozialer Unterstützung und Anerkennung häufig leichter gesagt als getan, besonders bei neuen Gruppenmitgliedern. Unterstützen wir neue Mitglieder in ihren Ideen genauso wie ältere Mitglieder? Akzeptieren wir ihre Entscheidung, wie viel sie sich selbst einbringen wollen? Begegnen wir uns freundschaftlich? Machen wir viele Insider-Witze, die neue Mitglieder nicht verstehen?[35] Unter all diesen Gesichtspunkten kann die Interaktion in der Gruppe betrachtet werden, um ein möglichst positives Umfeld und eine möglichst gute Gruppen- und Arbeitsatmosphäre für alle zu schaffen.

Fazit: Soziale Unterstützung und Anerkennung sind die Grundlage für jede gut funktionierende Umweltschutzgruppe. Die Mitgliedschaft in einer Umweltgruppe kann das eigene Umweltschutzverhalten erleichtern und dabei positive Gefühle hervorrufen. Besonderer Wert sollte auf die Integration neuer Mitglieder gelegt werden.

Essen und Humor

Beim Organisieren von Treffen oder Veranstaltungen ist es wichtig, den Teilnehmenden ein Willkommensgefühl zu vermitteln und eine entspannte und angenehme Atmosphäre zu schaffen.[35] Helfen kann dabei nach Harré eine gewisse Portion Humor, die uns in eine positive Stimmung versetzt und unsere Kreativität beflügelt. Wer mag, könnte bei einer Präsentation z. B. eine witzige Karikatur einbringen. Leckeres Essen und Trinken sind außerdem eine einfache Methode, um eine positive Grundstimmung zu schaffen. Darüber hinaus zeigten Forscher*innen, dass Versuchspersonen Reden eher befürworteten, wenn sie beim Zuhören aßen.[41]

Fazit: Komödiantisches Talent, ein Witz hier und da und gutes Essen können in keiner Lebenslage schaden – auch nicht beim Umweltschutz.

⊖ Geschichten erzählen

In den sogenannten *Tales of Joy* (Geschichten der Freude) wird ein Mensch dargestellt, der sich in einer Situation befindet, die der unseren ähnelt. Zuerst hat dieser Mensch mit schwierigen Umständen zu kämpfen, aber er gelangt letztlich zu seinem Ziel – dies kann im Film oder im Buch spielen oder sogar im realen Leben passiert sein.[35] Weitere klassische Geschichtsformate handeln häufig von der Überwindung einer Trennung oder eines Unterschiedes zwischen zwei Menschen oder erzählen die Geschichte, dass ein Genie etwas Neues erfindet.[41] Diese Geschichten ergreifen uns emotional, da sie einen persönlichen Charakter haben, und stärken in uns die Motivation, selbst etwas zu verändern.

Beim Zuhören oder Betrachten von Geschichten wird in uns Empathie ausgelöst. Da wir Empathie eher gegenüber **einem** Menschen als gegenüber einer größeren Anzahl von Menschen empfinden, bietet sich für die Geschichtenerzählung die Fokussierung auf einen Menschen (bzw. Tier oder Baum) an. Darüber hinaus bildet sich Empathie eher aus, wenn der dargestellte Mensch uns ähnelt.[35] ❦ Gehe ich als Studentin z. B. in ein Hörsaalkino, so handelt der gezeigte Umweltschutzfilm im besten Fall von einer Studentin, die wie ich in einer WG lebt und wie ich Probleme damit hat, Prüfungen und Umweltschutzengagement unter einen Hut zu bringen.

Fazit: Positive Geschichten des Umweltschutzes können in uns Freude und Motivation auslösen. Am meisten Mitgefühl entsteht, wenn es um einen einzigen Charakter geht und dieser uns ähnelt.

Welche Nachteile haben positive Emotionen?

So nützlich sie auch sein mögen, positive Emotionen können auch Nachteile haben. Beispielsweise lassen wir uns von einer aktuellen Aufgabe für den Umweltschutz leichter ablenken, wenn zugleich positive Emotionen durch andere Inhalte hervorgerufen werden, z. B. durch das bevorstehende Wochenende. Das gilt besonders, wenn die Umweltschutzaufgabe langweilig oder unangenehm ist.[35]

Außerdem wurde in Studien gezeigt, dass Versuchspersonen in positiver Stimmung häufiger auf soziale Stereotype zurückgreifen, wenn sie die Schuld an einem Verbrechen beurteilen sollen.[35] So könnte ich in guter Stimmung allein Manager*innen von Großkonzernen und ihrem Profitstreben die Schuld an der Umweltverschmutzung geben, ohne andere Akteur*innen zu berücksichtigen und ohne meine Aussage mit Fakten zu belegen.

Wie können wir die Nachteile positiver Emotionen umgehen?

⊖ Wichtigkeit des Urteils hervorheben

Wenn Menschen bewusst ist, dass sie für ihr Urteil verantwortlich bzw. rechenschaftspflichtig sind, wirkt dies dem leichtfertigen Gebrauch von Stereotypen durch positive Emotionen entgegen.[35] Bei einer Rechenschaftspflicht sind unsere Bewertungen in guter Stimmung also genauso vorsichtig und sorgfältig wie in anderen Stimmungslagen. So könnte ich Mitglieder einer Umweltorganisation fragen: Welche Akteur*innen sind am meisten für Umweltverschmutzung verantwortlich? Zusätzlich bitte ich sie darum, ihre Aussagen zu reflektieren und zu begründen.

Im Zusammenhang mit positiven Emotionen sind wir auch leichter ablenkbar. Dem entgegenwirken kann die Überzeugung, dass ein sorgsamer Umgang mit der Sache wichtig ist.[35] Es könnte beispielsweise sein, dass ich eine Veranstaltung zu Patentrecht im Lebensmittelsektor besuche, die wenig interaktiv und phasenweise langweilig ist. Das schöne Wetter draußen hat mich in positive Stimmung versetzt und ich bin geneigt, hinauszuschauen und in Träume über meinen nächsten Urlaub zu versinken. Ist mir jedoch bewusst, wie wichtig das Thema ist, und habe ich die Aufgabe übernommen, beim nächsten Treffen meiner Umweltorganisation davon zu berichten, werde ich mich trotz meiner positiven Stimmung und der wenig motivierenden Atmosphäre auf den Vortrag konzentrieren.

Fazit: Negative Auswirkungen von positiven Emotionen können wir umgehen, indem wir Reflexion, die Begründung der eigenen Meinung und einen sorgsamen Umgang mit einer Aufgabe anregen.

7.2 Negative Emotionen
Trauer, Wut und Angst

Welche Vorteile haben negative Emotionen?

Negative Emotionen begegnen uns in der Nachhaltigkeitsbewegung häufig, da die Bewegung einen negativen Zustand verbessern möchte.[35] Die Aufklärung über eine negative Situation lässt sich kaum ohne das Hervorrufen negativer Emotionen umsetzen. Negative Emotionen können jedoch auch eine positive Wirkung auf die Handlungsmotivation haben. Während positive Emotionen Offenheit, aber auch eine leichte Ablenkbarkeit, hervorrufen, können negative Emotionen zu einer Einengung der Aufmerksamkeit und Fokussierung auf das aktuelle Problem führen.[35] Beispielsweise spielt die Emotion Wut häufig eine entscheidende Rolle in der Lebensgeschichte vieler politischer Aktivist*innen.[35] Wenn Menschen Ärger verspüren – etwa darüber, dass andere Menschen sorglos mit der Natur umgehen –, können sie sich infolgedessen stärker für den Naturschutz oder den Erhalt der Biodiversität einsetzen.[63]

Unter einer bestimmten Bedingung können negative und angsteinflößende Informationen hilfreich sein.[35] Haben Menschen sich mit einem Umweltproblem bisher wenig auseinandergesetzt, so wird ihnen durch die negative Information das Ausmaß und der Ernst einer Situation überhaupt erst bewusst. In diesem Fall sind negative Emotionen sinnvoll. Wenn Menschen jedoch schon sorgenerfüllt dem Klimawandel entgegenblicken, werden sie durch angsteinflößende Information eher mit einem Gefühl der Hilflosigkeit konfrontiert. Wie in Kapitel 1.3 zur *Selbstwirksamkeit* angedeutet, muss das Vorwissen der Zielgruppe deshalb unbedingt beachtet werden.

Welche Nachteile haben negative Emotionen?

Es ist verlockend, zu denken, dass so wichtige Angelegenheiten wie Klimawandel, Tierrechte, Ressourcenschonung oder soziale Gerechtigkeit uns das Recht geben, Menschen mit einem Gefühl des Horrors nach Hause gehen zu lassen. Aber tun sie das wirklich? Angst, Sorge und Zorn sind alles Formen des menschlichen Schmerzes. Genau diesen Schmerz, zusammen mit der Gefährdung der Umwelt, versuchen wir eigentlich zu vermeiden.[35]

Während positive Emotionen unseren Blick weiten und uns zu Handlungen ermutigen, halten negative Emotionen uns für gewöhnlich davon ab, uns mögliche Handlungen zur Lösung des Problems vorzustellen.[35] Insbesondere Strategien, die auf das Hervorrufen von Ängsten abzielen, haben sich in vielen Bereichen wie Trink-, Fahr- und kriminellem Verhalten als wirkungslos erwiesen.[16] Darüber hinaus ist anzumerken, dass sowohl positive wie negative Gefühle ansteckend sind. Lassen wir Zuhörer*innen mit negativen Gefühlen aus einer Veranstaltung gehen, werden sie diese vielleicht in ihr soziales Umfeld weitertragen.[35]

Bekommen wir durch angstauslösende Botschaften negative Emotionen, so benutzen wir häufig *Bewältigungsstrategien* (Psycholog*innen sprechen von *Coping-Strategien*), um mit ihnen fertig zu werden. Der folgende Exkurs widmet sich diesem Thema.

7.3 Exkurs: Bewältigungsstrategien Der Umgang mit Angst und Schuld

Negative Emotionen dürfen – wenn überhaupt – nur sehr überlegt eingesetzt werden. Ein Grund ist, dass wir bei negativen Emotionen gerne ausweichen. Wir nutzen verschiedene *Bewältigungsstrategien*, sobald wir eine Situation oder einen Umstand als belastend und nicht unmittelbar kontrollierbar wahrnehmen. Bewältigungsstrategien können wir unterteilen in problemorientierte und emotionsorientierte Bewältigungsstrategien. Die Grundlage für diese Sichtweise ist das »Transaktionale Stressmodell« von Lazarus.[39]

Problemorientierte Bewältigungsstrategien beschäftigen sich mit der jeweiligen Problemsituation und zielen auf deren Veränderung ab. Im Kontext von Umweltproblemen sind problemorientierte Bewältigungsstrategien beispielsweise die aktive Umsetzung nachhaltiger Verhaltensweisen (z. B. die Bahn anstatt das Auto zu nehmen), die Suche nach Informationen bezüglich nachhaltigen Handelns (z. B. nach nachhaltigen Kleidungsherstellern) oder die Vermeidung des Kontaktes mit nicht oder wenig nachhaltigen Optionen (z. B. an bestimmten Läden nicht mehr vorbeigehen). Das Problem wird folglich angegangen und aktiv gelöst.

Emotionsorientierte Bewältigungsstrategien helfen uns, mit unseren negativen Emotionen umzugehen. Dabei ist es nicht unser Ziel, aktiv etwas gegen das Problem zu unternehmen. Gemeint sind hierbei z. B. die Umdeutung einer Problemsituation oder die Ablenkung davon. Da dies umweltschützendem Handeln entgegenwirken kann, ist das Wissen über emotionsorientierte Bewältigungsstrategien für Umweltschützer*innen besonders wichtig. Häufig kommen uns emotionsorientierte Bewältigungsstrategien von Menschen, die sich weiterhin umweltgefährdend verhalten, als bloße Ausreden vor. Wichtig ist jedoch, sich der eventuell dahinterliegenden negativen Gefühle bewusst zu werden und dementsprechend sensibel mit diesen umzugehen. Das bedeutet, sie mitsamt ihren Gefühlen ernst zu nehmen. In vielen Fällen sind die Bewältigungsstrategien nicht einmal der Person bewusst, die sie anwendet. Generell haben Menschen persönliche Vorlieben für bestimmte Bewältigungsstrategien – wahrscheinlich durch erfolgreiche Anwendung dieser Strategien in vergangenen Situationen.[77]

❦ Im Beispiel gesprochen: Ich möchte mich nachhaltig verhalten, aber meine Freunde treffen sich häufig bei McDonalds zum Essen. Nun komme ich in einen Konflikt zwischen meiner *persönlichen ökologischen Norm*, die in mir Schuldgefühle hervorruft, und *sozialen Normen* und werde Bewältigungsstrategien anwenden. Benutze ich problemorientierte Bewältigungsstrategien, würde ich versuchen, meine Freunde von der ökologisch-vegetarischen Imbissbude zu überzeugen. Benutze ich emotionsorientierte Bewältigungsstrategien, könnte ich mich damit beruhigen, dass die anderen die Entscheidung treffen und ich selbst gar nicht in der Verantwortung und Schuld stehe. Bewältigungsstrategien können folglich angewendet werden, um mit *kognitiver Dissonanz* umzugehen, die in Kapitel 1.2 thematisiert wurde.

Die kleine Anzahl der problemorientierten Bewältigungsstrategien wurden im obigen Absatz vorgestellt. Im Fokus der Psycholog*innen stehen aber besonders die vielfältigen emotionsorientierten Bewältigungsstrategien. In den nächsten Absätzen werdet ihr daher einige von ihnen kennenlernen, die im Umgang mit Umweltproblemen anzutreffen sind. So könnt ihr sie in bestimmten Momenten erkennen und reflektiert mit ihnen umgehen.

Welche emotionsorientierten Bewältigungsstrategien gibt es?

Gleichgültigkeit

Als Reaktion auf angsteinflößende oder anschuldigende Informationen benehmen Menschen sich eventuell teilnahmslos: »Ist mir doch egal.« Auf diese Weise umgehen wir die Auseinandersetzung mit einer Situation, die auf uns hoffnungslos wirkt und vermeiden psychischen Stress und Schmerz.[48]

Umdeutung der Problemsituation

Führt eine Situation zu Angst- oder Schuldgefühlen, neigen wir zu …

- **Verleugnung, Relativierung und Suche nach Gegenargumenten.**[39] »Es existiert gar kein menschengemachter Klimawandel.« »Ökologische Probleme sind nicht so groß, wie sie normalerweise dargestellt werden. Oder zumindest nicht so groß wie Herausforderungen, die von der Menschheit in der Vergangenheit erfolgreich überwunden wurden.« »Technischer Fortschritt wird alle Umweltprobleme lösen.«

- **Verzerrung der Realität.**[39] »Ich weiß über die Produktionsbedingungen von Kaffee Bescheid. Aber ich würde ihn halt auch nicht als Luxus bezeichnen, sondern als Notwendigkeit.« »Ihr Vegetarier esst meinem Essen das Essen weg.«

- **Schuldverleugnung.**[55] »Umweltprobleme sind nicht meine Schuld – was kann ich denn ausrichten?«

- **sozialen Vergleichen.**[55] »Die anderen sind schuld.« »In anderen europäischen Ländern sehen die Umweltstandards viel schlechter aus.«

STUDIE: »Wer ist schuld?«

In einer norwegischen Studie fand die Forscherin Kari Marie Norgaard in qualitativen Interviews heraus, dass Versuchsteilnehmer*innen den Beitrag Norwegens zum Klimawandel als unbedeutend einstuften – sowohl in Bezug auf den nationalen Treibhausgas-Ausstoß als auch im Hinblick auf ihren internationalen politischen Einfluss (Schuldverleugnung).[55] Darüber hinaus wurde Amerika als die wahre Quelle ökologischer Probleme identifiziert (sozialer Vergleich). Beispielhafte Antwort in einem Interview:

Interviewerin: »Aber welche Rolle, denken Sie, sollte Norwegen international einnehmen?«

Studienteilnehmer: »Hmm, wir sind natürlich ein sehr kleines Land, fast ohne Bedeutung, wenn man ökonomisch denkt, sind wir komplett uninteressant.«

Selektive Aufmerksamkeit

Einige emotionsorientierte Bewältigungsstrategien funktionieren so, dass Menschen ihre Aufmerksamkeit von den angst- oder schulderregenden Informationen wegleiten. Nach Crompton und Kasser sowie nach Homburg und Kolleg*innen neigen wir dazu, …

- **uns negativen Emotionen weniger auszusetzen.** Ein gutes Beispiel hierfür ist ein Abendessen, bei dem ein Gast die Konversation auf den Klimawandel lenkt. Daraufhin entsteht eine kurze Gesprächspause, bis ein anderer Gast kommentiert, wie lecker doch das Essen sei. Dabei stimmen alle zu und das kritische Thema wird vermieden.[50]

- **mit unseren Gedanken in der Gegenwart zu bleiben.** »Manchmal denke ich mir, da kommen ja eine Menge Probleme auf uns zu in den nächsten Jahren. Und dann denke ich mir wiederum: Ach was, und mache mir keine Gedanken mehr über die Zukunft.«

- **unsere Aufmerksamkeit auf kleine positive Dinge zu lenken.** »Manchmal denke ich, dass ich mich viel fleischärmer ernähren sollte. Aber dann wird mir klar, dass ich ja schon einmal die Woche auf Fleisch verzichte. Das ist immerhin etwas.«

- **Vergnügen zu suchen.** Unangenehme Informationen führen häufig dazu, dass wir uns auf die Suche nach etwas Angenehmem machen. Wird jemand auf der Straße über die katastrophalen Folgen des Klimawandels aufgeklärt, geht er oder sie eventuell gleich im Anschluss ein neues Shirt kaufen, um die Aufmerksamkeit auf etwas Freudiges zu lenken. Homburg und Kolleg*innen haben gezeigt, dass die Strategie der Vergnügenssuche eine der am weitesten verbreiteten emotionsorientierten Bewältigungsstrategien ist.[39]

Rückgewinnung von Kontrolle

Bild: www.schnews.co.uk

Beispiel für kreativen Aktivismus, der durch seinen Todesbezug seine Wirkung vielleicht verfehlt.

Werden wir mit einer Gefahr konfrontiert, können wir einen Kontrollverlust erleiden.[26] Bei der Kommunikation von Umweltproblemen wird dieser Mechanismus häufig ungewollt ausgelöst. Es wird z. B. erwähnt, dass unser aller Leben auf dem Spiel steht. Der kurze Gedanke an den eigenen Tod löst einen Kontrollverlust aus, der sich negativ auf den Umweltschutz auswirken kann. In Studien zeigte sich, dass Menschen, denen ihre Sterblichkeit bewusst gemacht wird, den Bereichen Geld und Status eine höhere Relevanz zuschreiben.[32] Darüber hinaus scheinen Gegenstände, die mit hohem Status verbunden sind, dann einen größeren Reiz auf uns zu haben.[49] Die Ansammlung von Konsumgütern wirkt jedoch in vielerlei Hinsicht dem Umweltschutz entgegen.

Wenn wir mit unserer eigenen Sterblichkeit konfrontiert sind, gibt es eine weitere Möglichkeit, wie wir erneut Kontrolle erlangen: Indem wir unsere eigene Gruppe über eine andere Gruppe stellen. So kann es sein, dass ich mich über eine fremde Gruppe, z. B. eine ethnische Gruppe, Tiere oder die natürliche Welt, stelle und sie als negativer bewerte.[76]

Das Thema Tod in Umweltkommunikation einzubeziehen ist also heikel. Diese Erfahrung hat die Organisation 10:10 gemacht. In ihren Kampagnen verwendet die Organisation häufig positive Beispiele und kommuniziert die Chancen klimaschützenden Verhaltens. In dem Video »No Pressure«[+] kommt jedoch das Thema Tod vor. Menschen, die dem Klimaschutz gegenüber skeptisch sind, werden in dem Video per Knopfdruck gesprengt. Viele Zuschauer*innen könnten dabei das Gefühl bekommen, keine Kontrolle über die Situation zu haben. Wahrscheinlich verhindert das Video auf diese Weise sogar umweltschützendes Verhalten. Aufgrund der Rückmeldungen wurde das Video der noch am Tag der Veröffentlichung aus dem Netz genommen.

Rechtfertigung

Um negative Gefühle zu reduzieren, können wir uns für nicht nachhaltige Handlungen rechtfertigen.[77] Eine Möglichkeit ist, dass wir den existierenden Motivationskonflikt benennen. Beispielsweise ist die Aussage »Ich würde weniger Strom im Haus verbrauchen, aber ich weiß gar nicht, wo ich anfangen soll« ein Zeichen dafür, dass ich nicht genügend *Selbstwirksamkeit* besitze und *Handlungswissen* benötige (Kapitel 1.3). Diese Konfliktidentifizierung ist für Umweltschützer*innen sehr interessant, weil sie andeutet, an welcher Stelle Maßnahmen ansetzen können. Doch Vorsicht! Manchmal benutzen wir auch einen anderen Konflikt als Vorwand. Im Beispiel »Ich würde mir gerne ökologisches Putzmittel kaufen, aber ich kann es mir nicht leisten« könnte ich mir das Putzmittel eventuell schon leisten, bin aber ein anderes gewohnt und möchte nicht umsteigen. Der Motivationskonflikt wurde als Konflikt zwischen *persönlicher ökologischer Norm* und *monetären Kosten* dargestellt, obwohl eigentlich ein Konflikt zwischen *persönlicher ökologischer Norm* und *Gewohnheiten* bzw. *Verhaltenskosten* besteht.

Es ist nicht klar, ob es hilfreich ist, Bewältigungsstrategien aufzudecken. Eigentlich erfüllen sie eine sinnvolle Funktion, nämlich Stressreduktion. Weisen wir einen Menschen gedankenlos auf seine Bewältigungsstrategien hin, könnte dies negative Auswirkungen auf sein Wohlbefinden haben. Günstiger scheint eine empathische Herangehensweise, die in einem späteren Abschnitt zur Auseinandersetzung mit negativen Emotionen erklärt wird.

\+ ↗ *www.youtube.com/watch?v=WjVW6roRs-w*

Fazit: Emotionsorientierte Bewältigungsstrategien führen zwar zu einer Abnahme negativer Emotionen. Die meisten von ihnen erhöhen jedoch die Wahrscheinlichkeit, sich umweltgefährdend zu verhalten und versperren den Weg für Umweltschutz. Aus diesem Grund sollten Umweltschützer*innen sehr vorsichtig mit negativen Emotionen umgehen und unbedingt positive Alternativen in Betracht ziehen.

Wie können wir mit emotionsorientierten Bewältigungsstrategien und negativen Emotionen umgehen?

⊖ Selbstwirksamkeit

Wir beachten Umweltprobleme eher, wenn wir uns ihnen gewachsen fühlen und den Glauben haben, dass wir tatsächlich etwas dagegen tun können.[35] ❦ Werde ich mit einem Video zur Massentierhaltung konfrontiert, kann ich entweder eine problemorientierte Bewältigungsstrategie benutzen (z. B. Flyer mit Information über Massentierhaltung verteilen) oder eine emotionsorientierte Bewältigungsstrategie wählen (z. B. mir sagen, dass Tiere nicht dieselben Gefühle wie Menschen haben), um mit der Situation umzugehen. Wenn ich nun davon ausgehe, dass ich selbst die Situation nicht oder nur wenig verändern kann, ich also eine niedrige *Selbstwirksamkeit* habe, ist die zweite Option im Grunde schon vorprogrammiert. Deshalb ist das Vertrauen, dass wir selbst die Ursache des Problems verändern können, ein maßgeblicher Faktor für die Stärkung problemorientierter Bewältigungsstrategien.[35] Strategien zum Aufzeigen und Stärken der *Selbstwirksamkeit* findet ihr in Kapitel 1.3. Dementsprechend sollte jeder Vortrag und jeder Workshop mit Hinweisen enden, wie wir als Individuum und in der Gruppe aktiv etwas verändern können. Am besten kann dies kombiniert mit Beispielen und Belegen für die Wirksamkeit gelingen.

Fazit: Haben wir eine starke Selbstwirksamkeitserwartung, neigen wir eher dazu, problemorientierte Bewältigungsstrategien zu verwenden.

⊖ Glaubwürdige und aussagekräftige Quellen

Haben Menschen Angst vor den (persönlichen) Konsequenzen einer Umweltkatastrophe, so werden sie nach Gegenargumenten Ausschau halten, die das Problem für nichtig erklären. Um also zu vermeiden, dass Umweltprobleme relativiert werden, müssen wir Informationen bereitstellen, die glaubwürdig und aussagekräftig sind (Kapitel 1: *Tipps zur Wissensvermittlung*). Häufig betonen Informationen die negativen Konsequenzen von Verhalten.[16] Um den Ernst der Situation zu vermitteln, brauchen Menschen zusätzlich die Information, dass beängstigende Konsequenzen eintreten könnten, bevor sie sich darauf vorbereitet haben – allerdings sollte stets geprüft werden, ob dies sicher der Fall ist und ob zuverlässige Quellen dafür vorliegen.[28] Wie oben erwähnt, sollte mit dieser angstauslösenden Information sparsam umgegangen und ihr Einsatz kritisch reflektiert werden.

Fazit: Damit mögliche Gegenargumente nicht wirken können, brauchen wir überzeugende und gehaltvolle Quellen.

⊖ Kleine Dosis

Unter gewissen Umständen (wie z. B. bei Unkenntnis des Problemausmaßes) und in kleiner Dosis sind negative Emotionen sehr wertvoll.[35] Werden sie in kleinen Häppchen verabreicht, ist die Wahrscheinlichkeit geringer, dass wir eine emotionsorientierte Bewältigungsstrategie anwenden. Durch geringe Mengen an negativen Emotionen wird so z. B. eine Umdeutung der Situation oder selektive Aufmerksamkeitsverschiebung verhindert. Wir werden uns nun eher mit der tatsächlichen Problematik auseinandersetzen, d.h. eine problemorientierte Bewältigungsstrategie einsetzen.

Fazit: In geringem Ausmaß sind negative Emotionen handhabbar.

⊖ Auseinandersetzung mit negativen Emotionen

Ein Ansatz der Tiefenökologie ist es, negative Emotionen wie Angst, Wut oder Hilflosigkeit gegenüber Umweltproblemen bewusst zuzulassen und den Umgang mit ihnen zu üben. Eine solche Stärkung im Umgang mit negativen Emotionen erleichtert es uns, bei Umweltproblemen hinzusehen und dabei die begleitenden Gefühle auszuhalten – sie eventuell sogar in Motivation zu verwandeln. Abgeleitet von Ansätzen der Psychotherapie, schlagen Crompton und Kasser drei Phasen vor, um mit negativen Emotionen umzugehen.[18]

Die **erste Phase** hilft uns, die Bewältigungsstrategien bewusst zu machen. Ein gemeinsames Gespräch deckt sie auf. Gezielte Fragen zu grundlegenden Erfahrungen bieten einen guten Einstieg, z. B. »Wie erlebe ich die sich abzeichnende weltweite ökologische Krise in meinem eigenen Leben?« Natürlich sollten diese Fragen auf sensible Weise gestellt werden, mit dem Ziel, zugrunde liegende Emotionen aufzudecken. In der **zweiten Phase** werden nun unangenehmen Gedanken, Gefühle und Ängste aufgearbeitet, vor denen die emotionsorientierten Bewältigungsstrategien schützen sollten. In dieser Phase durchleben wir Gefühle der Trauer, Wut oder Angst. *Achtsamkeit* (Kapitel 4.1: *Abwägungsprozess*) kann eine Form des Umgangs mit eigenen Gefühlen sein. Wichtig ist hier die Rolle der beistehenden Person oder der Gruppe, die eine nicht-wertende und verständnisvolle Unterstützung liefert. Aussagen wie »Wir verstehen, dass Klimaerwärmung beunruhigend ist und du am liebsten nicht darüber nachdenken würdest…« können eine Stütze sein. In der **dritten Phase** suchen wir gemeinsam neue Wege, um mit der Umweltbedrohung und den negativen Emotionen umzugehen. Wir suchen sozusagen problemorientierte Bewältigungsstrategien und versuchen, sie anzustoßen.

Die Auseinandersetzung mit negativen Emotionen im Zusammenhang mit Umweltgefährdung spielt eine entscheidende Rolle in Umweltorganisationen, da zugelassene unangenehme Emotionen wie Angst und Trauer häufig zu mehr Umweltschutzverhalten führen.[18] Die Konfrontation mit negativen Emotionen scheint daher ein Kraftgeber für Umweltschützer*innen zu sein und den mit Engagement verbundenen Stress zu lindern.

Fazit: Setzen wir uns in einer empathischen Umgebung mit unseren negativen Emotionen und emotionsorientierten Bewältigungsstrategien auseinander, so können wir Kraft schöpfen und nach problemorientierten Strategien suchen.

⊖ Positive Alternativen suchen

Bevor Umweltschützer*innen negative Botschaften verbreiten und die damit angesprochenen Menschen in eine Schockstarre versetzen, sollten sie zuerst nach positiven Alternativen suchen. Lässt sich zum Thema Fleischkonsum vielleicht doch noch ein sanfterer Film als »Earthlings« finden? Darüber hinaus ist es für uns von großem Vorteil, wenn wir uns selbst weniger als Problemlöser*innen ansehen, sondern mehr als Entwickler*innen von nachhaltigen Lebensstilen:

*Wenn du Nachhaltigkeit als eine Art von Problem ansiehst, wird es dich verletzlich machen […]. Das Problem wird sich stets ändern und die Lösungen immer umstritten bleiben. Es wird Leute geben, die dich verspotten und widerlegen. Wenn du dich andererseits nicht als Problemlöser*in betrachtest, sondern als jemand, der eine lebensfähige Alternative zu unserem derzeitigen Lebensstil schaffen möchte, ändert sich die Bedeutung deines Tuns.*[35]

Dr. Niki Harré

Unser Ziel ist es, eine bessere Welt für Natur, Tiere und Menschen zu schaffen. Den positiven Charakter unseres Engagements sollten wir uns und anderen dabei häufiger bewusst machen.

Fazit: Positive Botschaften sollten negativen Botschaften vorgezogen werden.

8

Das Modell zusammengefasst

In den vorigen Kapiteln wurden alle Komponenten des psychologischen Modells zur Erklärung nachhaltigen Handelns vorgestellt und erläutert. Auf der folgenden Doppelseite sind die Modellkomponenten zusammengefasst und mit den in diesem Buch vorgestellten Maßnahmen zur Umweltschutzförderung verknüpft.

Randbemerkungen zum Modell

Kein Phasenmodell. Es ist anzumerken, dass es sich bei dem psychologischen Modell zur Erklärung nachhaltigen Handelns nicht um ein Phasenmodell handelt, bei dem eine Phase abgeschlossen oder eine Komponente ›erfüllt‹ sein muss, damit eine nächste Phase eingeleitet werden kann. Vielmehr sieht das Modell das tatsächliche Umweltverhalten als ein Zusammenspiel von vielen Faktoren. Dabei könnte die starke Ausprägung eines Faktors schon ausreichen, um Umweltschutzverhalten hervorzurufen. ✾ Wird es z. B. in meinem Freundeskreis wieder Mode, sich Second-Hand-Klamotten zu kaufen (*soziale Norm*), werde ich eventuell einfach mitziehen, ohne überhaupt Wissen über schlechte Produktionsbedingungen neuer Kleidung zu haben. Bei Interesse an einem Phasenmodell, das Umweltverhalten mit verschiedenen, aufeinander folgenden Komponenten erklärt, empfehlen wir das *Phasenmodell der selbstregulierten Verhaltensänderung* von Bamberg.[4]

Keine Patentlösung. Einige der vorgestellten psychologischen Maßnahmen zeigen sehr starke, verhaltensändernde Effekte: *Kognitive Dissonanz*, *Zielsetzung*, *Vorbildverhalten* und *Prompts*.[57] Es gibt jedoch kein »psychologisches Allzweckmittel«, das bei sämtlichen Verhaltensweisen im Umweltschutz effektiv ist.[57] Die eine Methode scheint eher für Recyclingverhalten geeignet zu sein, die andere eher bei Mobilitätsverhaltensänderungen und nicht alle Maßnahmen sind bisher für alle Themen und Umweltaspekte untersucht. Eine grobe Einordnung liefert Schultz.[66] Ihm zufolge sind die Maßnahmen *Wissensvermittlung*, *Feedback*, *Prompts*, *kognitive Dissonanz*, *Selbstverpflichtung* und *Verhalten bequemer machen* eher für eine bereits motivierte Zielgruppe geeignet. Sie wirken also besonders stark, wenn die Zielgruppe schon eine hohe *persönliche ökologische Norm* besitzt. Ist wenig persönliche Motivation vorhanden, sollte hingegen mehr Gebrauch von *Ist- und Soll-Normen*, *Vorbildverhalten* und *finanzieller Belohnung oder Bestrafung* gemacht werden.

Kombination. Wir müssen auch beachten, dass es häufig nicht genügt, nur einen Verhaltensfaktor zu fördern. Informationsstrategien aktivieren zwar die *persönliche ökologische Norm*, wenn die Bilanz von *(Verhaltens-)Kosten und Nutzen* jedoch gegen das Verhalten spricht, könnte unsere Maßnahme keine Auswirkung auf tatsächliches Verhalten zeigen.[51] Einen entscheidenden Vorteil bietet die Kombination verschiedener Maßnahmen. So fand Matthies in einer Studie zur PKW-Nutzung heraus, dass die Kombination von zwei Maßnahmen effektiver war als jede der Maßnahmen für sich genommen.[51] Sie kombinierte die beiden Maßnahmen »Freitickets für öffentlichen Nahverkehr« und »Selbstverpflichtung zu weniger Autofahrten«.

Reaktanz vermeiden. Etwas, dass wir bei allen Maßnahmen vermeiden sollten, ist eine in der Psychologie als Reaktanz bezeichnete Reaktion. *Reaktanz* ist die Trotzreaktion, die entsteht, wenn wir zu viel von einer Person fordern und versuchen, sie zu kontrollieren.[16] Wir sollten als Umweltschützer*innen respektieren, dass die Entscheidungsfreiheit immer bei der handelnden Person liegt und auch entsprechend wertschätzend kommunizieren. Ansonsten können wir mit – oft zu Recht – trotzenden Menschen rechnen. ❦ Beispielsweise könnten andere unsere frisch an den Druckern angebrachten Sticker-*Prompts* gegen Papierverschwendung verunstalten, wenn sie ihre eigene Unabhängigkeit angegriffen sehen.

Tatsächliches Verhalten macht den Unterschied. Zusammenfassend sollten wir immer vor Augen haben, dass weder *Verantwortungsgefühle*, noch wahrgenommene *soziale Normen* oder *Intentionen* die Umweltprobleme lösen.[31] Nur mit tatsächlich umweltschützendem Verhalten können wir gemeinsam eine umweltfreundlichere Welt schaffen.

➲ Nun ist es an der Zeit, eure Fragen an die Umweltpsychologie von Seite 18 erneut zu lesen und zu versuchen, sie mit dem dazugewonnenen Wissen zu beantworten.

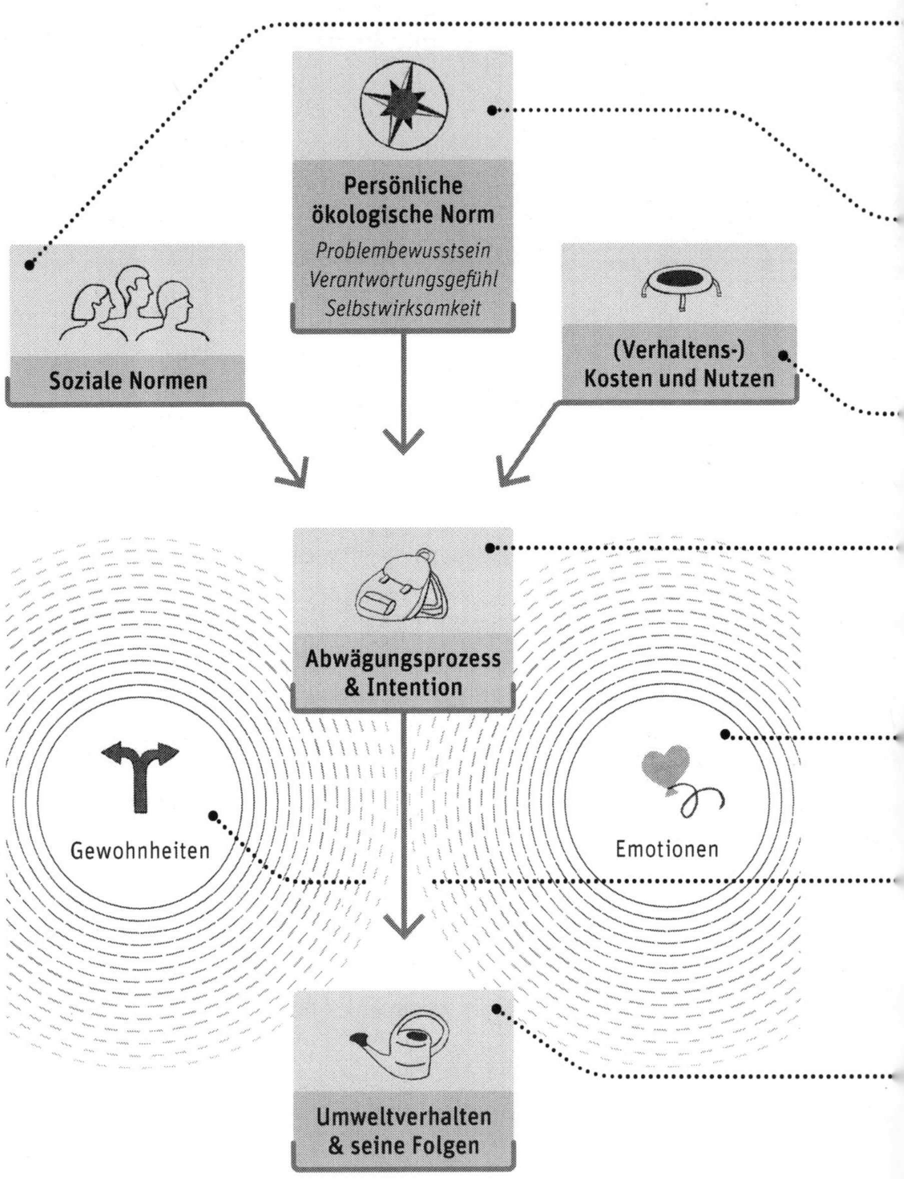

Psychologisches Modell zur Erklärung nachhaltigen Handelns – ergänzt um mögliche Maßnahmen zur Umweltschutzförderung.

Kapitel 2

- SOLL- und IST-Normen gekonnt einbeziehen und in Kombination anwenden
- Vorbildverhalten
- Minderheiteneinfluss nutzen

Kapitel 1

- Vermittlung von Problemwissen
- Selbstaufmerksamkeit und kognitive Dissonanz
- Selbstverpflichtung
- Vermittlung von Handlungswissen
- Handlungsoptionen & Effektivität aufzeigen
- Training von Kompetenzen
- Feedback
- Schaffung von Möglichkeiten
- Handlungen durch die Situation erleichtern

Kapitel 3

- Belohnung und Bestrafung
- Verhalten bequemer machen
- Leidenschaften nutzen

Kapitel 4

- Achtsamkeit
- Bewusst reflektieren
- Ziele setzen
- Implementationsabsichten
- Erinnerungshilfen: Prompts

Kapitel 7

- Unterstützung und Anerkennung in der Gruppe
- Essen und Humor
- Geschichten erzählen
- Wichtigkeit des Urteils hervorheben
- Aussagekräftige Quellen
- Kleine Dosis bei negativen Emotionen
- Auseinandersetzung mit negativen Emotionen
- Positive Alternativen suchen

Kapitel 6

- Temporäre starke Veränderung der Handlungssituation

Kapitel 5

- Selbstbelohnung
- Selbstregulation stärken
- Bei vielen Aspekten ansetzen

9

Leitfragen für Umweltschutzaktionen

Die folgenden Leitfragen basieren unter anderem auf einem Artikel von Steg und Vlek und sind angereichert mit weiteren Hinweisen.[74] Es wird außerdem der Bezug zum psychologischen Modell zur Erklärung nachhaltigen Handelns (Seite 20) und seinen Komponenten (Kapitel 1 bis 7) hergestellt. Als Fragenkatalog könnt ihr vor jeder Aktion, vor jedem Vortrag oder Workshop gründlich alle Fragen durchgehen, um die Aktion psychologisch wertvoll zu gestalten und möglichst viel Potential zur Veränderung hin zu umweltschützendem Verhalten zu schaffen. In Kapitel 10 ist darüber hinaus ein sogenannter Canvas zu finden, in den ihr eure Überlegungen zu einer möglichen Umweltschutzaktion eintragen könnt.

1. Welches Verhalten möchte ich verändern?

Häufig erwacht die Motivation zu einer Umweltschutzaktion aus der Entdeckung eines umweltgefährdenden Verhaltens, das ich verhindern möchte, oder eines umweltfreundlichen Verhaltens, das ich stärken will. Demnach ist diese Frage vielleicht schnell beantwortet. Trotzdem ist es sinnvoll, sich einen Moment Zeit zu nehmen und bewusst ein Verhalten auszuwählen, das einen bedeutsamen Einfluss auf die Umwelt hat.[28] ❦ Beispielsweise schont Recyclingverhalten Ressourcen. Doch bevor ich mich entscheide, die Verwendung von Recyclingpapier zu fördern, kann ich weitere Alternativen erwägen – die Wiederverwendung von Papier oder eine Reduktion des Papierverbrauchs haben möglicherweise größere Umwelteffekte. Im nächsten Schritt kann ich gezielt auswählen, welche Maßnahme mein Umweltziel am besten fördert. Es kann dabei hilfreich sein, sich folgende Fragen zu stellen:

- ○ Was ist mein persönliches Umweltschutzziel?
- ○ Wie kann ich als Einzelperson bzw. wie können wir als Gruppe dieses Ziel am besten erreichen?
- ○ Welchen Umwelteinfluss hat das von mir gewählte Verhalten?
- ○ Wird eine dauerhafte Veränderung erzielt?

- ○ Wie gut kann das Verhalten von anderen Menschen beobachtet werden?
- ○ Welches Trendpotential hat das Verhalten?
- ○ Wird das Verhalten erleichtert, wenn viele Menschen es ausführen? (Skaleneffekte)
- ○ Führt das Verhalten zu einer Strukturänderung? Wird ein politisches Signal gesendet?
- ○ Wird mit dem Verhalten ein nachhaltiges Unternehmen oder eine Umweltschutzorganisation gefördert?

2. Welche Merkmale hat das Zielverhalten?

Vor jeder Art der Aktion kann ich mir die Frage stellen, wie genau das Zielverhalten aussieht, um meine Aktion daran anzupassen.

- ○ Ist es ein einmaliges oder mehrmaliges Verhalten?
- ○ Ist es ein individuelles oder kollektives Verhalten (z. B. Recycling vs. Demonstration)?
- ○ Welche Bequemlichkeiten sprechen gegen das Verhalten? Welche weiteren Kosten sind damit verbunden? Welche Argumente sprechen für das Verhalten? (Kapitel 3: *(Verhaltens-)Kosten und Nutzen*)
- ○ Ist es bewusstes oder unbewusstes, absichtsvoll oder gewohnheitsmäßig ausgeübtes Verhalten? (Kapitel 6: *Gewohnheiten*)
- ○ Mit welchen Emotionen könnte das Verhalten verknüpft sein? (Kapitel 7: *Emotionen*)

3. Welche Zielgruppe habe ich?

Im nächsten Schritt kann ich mir überlegen, welche Zielgruppe ich mit der Aktion ansprechen möchte. Dabei treffe ich Annahmen über die Eigenschaften meiner Zielgruppe – denn sie geben mir Auskunft, welche Maßnahmen sinnvoll und weniger sinnvoll sind. Habe ich genügend Zeit zur Verfügung, kann eine Vorab-Umfrage diese Fragen noch genauer beantworten.

- ○ Wie groß ist die Zielgruppe?
- ○ Welche räumlichen und soziodemographischen Merkmale (z. B. Alter und Geschlecht) hat sie?
- ○ Ist sie eher heterogen oder homogen? (vielfältig oder einheitlich)
- ○ Welchen sozialen Gruppen gehören Teilnehmer*innen meiner Aktion voraussichtlich an?
- ○ Ist eine Einbindung und Partizipation der Zielgruppe auch schon vor der Aktionsdurchführung möglich?[28]
- ○ Wurden bereits andere Maßnahmen bei dieser Zielgruppe durchgeführt? Wenn ja, welche und mit welchem Resultat?
- ○ Haben die Mitglieder meiner Zielgruppe schon das nötige Wissen über bestehende Umweltproblematiken? Welches Wissen besitzen sie bereits? (Kapitel 1.1: *Problembewusstsein*)
- ○ Fühlen sie sich für Umweltprobleme, die meiner Aktion zugrunde liegen, verantwortlich? (Kapitel 1.2: *Verantwortungsgefühl*)
- ○ Glauben sie, dass ihr Verhalten einen Unterschied machen wird? (Kapitel 1.3: *Selbstwirksamkeit*)

- ○ Weiß meine Zielgruppe, welche Handlungsmöglichkeiten sie in konkreten Alltagssituationen hat? (Kapitel 1.3: *Handlungswissen*)

- ○ Wie sieht ihr soziales Umfeld aus? Wird das Verhalten im Umfeld der Zielgruppe von einer Mehrheit oder Minderheit ausgeführt? Kann man es als soziale Norm betrachten? (Kapitel 2: *Soziale Normen*)

- ○ Gibt es Schlüsselpersonen in der Zielgruppe? (Kapitel 2: *Soziale Normen*)

- ○ Welche Talente und Leidenschaften haben sie, an die ich anknüpfen könnte? (Kapitel 3: *(Verhaltens-)Kosten und Nutzen*)

- ○ Ist meine Zielgruppe noch dabei, mögliche Verhaltensoptionen gegeneinander abzuwägen? (Kapitel 4.1: *Abwägungsprozess*)

- ○ Besteht bei ihnen schon eine Absicht, ihr Verhalten zu ändern? (Kapitel 4.2: *Intention*)

- ○ Ist meine Zielgruppe gerade in einer Lebensumbruchs-Phase? (Kapitel 6: *Gewohnheiten*)

4. An welchen Modellkomponenten möchte ich mit meiner Aktion ansetzen?

Das psychologische Modell zur Erklärung nachhaltigen Handelns bietet viele Ansatzpunkte zur Förderung des in den Frage 1 und 2 herausgearbeiteten Zielverhaltens. Nun muss ich mich entscheiden, an welcher dieser Modellkomponenten ich ansetzen möchte.

- ○ Welche Modellkomponenten machen es meiner Zielgruppe schwer, sich umweltschützend zu verhalten? Welche würden es ihr erleichtern?

- ○ Welche Komponenten sind in Bezug auf das ausgewählte Verhalten am leichtesten zu verändern?

- ○ Möchte ich nur an einer Komponente oder gleich an mehreren ansetzen?

- ○ Hat meine Zielgruppe eine hohe persönliche ökologische Norm, also viel eigene Handlungsmotivation? Oder ist ihre persönliche Motivation eher gering? (Kapitel 8: *Randbemerkungen zum Modell*)

- ○ Sind Möglichkeiten zum Handeln überhaupt gegeben? Könnte ich das Zielverhalten durch infrastrukturelle Änderungen erleichtern bzw. erschweren? (Kapitel 1.4: *Exkurs: Handlungssituation*)

- ○ Welche Emotionen möchte ich hervorrufen? *(Kapitel 7: Emotionen)*

5. Welche Art von Maßnahme ist geeignet?

Nun wird auf die entsprechenden Maßnahmen im Handbuch zurückgegriffen, um die Zielgruppe mithilfe der gewählten Modellkomponente(n) hinsichtlich des umweltfreundlichen Zielverhaltens zu fördern. Auf Seite 100 sind die im Handbuch erwähnten Maßnahmen mit den Komponenten des Modells verknüpft.

- ○ Welche Maßnahmen passen am besten zur Zielgruppe und zu mir bzw. zur Gruppe, die die Aktion umsetzen möchte?
- ○ Welche im Handbuch beschriebenen Aktionen bezüglich der ausgewählten Maßnahmen finde ich inspirierend?
- ○ Welche Maßnahmen werden von Studien nahegelegt?
- ○ Welche Maßnahmen haben die größte Öffentlichkeitswirkung und verbreiten sich dadurch?
- ○ Was sollte ich bei der Maßnahme beachten? (Kapitel 1.1 und 1.3: *Tipps zur Wissensvermittlung*)
- ○ Welche Emotionen werde ich wahrscheinlich hervorrufen? Was kann ich tun, damit Teilnehmer*innen meiner Aktion mit negativen Gefühlen umgehen können? (Kapitel 7: *Emotionen*)
- ○ Welche Bewältigungsstrategien werden Teilnehmer*innen eventuell anwenden, um ihr umweltschädliches Verhalten nicht ändern zu müssen? (Exkurs 7.3 : *Bewältigungsstrategien*)
- ○ Was könnte eine langfristige Verhaltensänderung fördern und ein Zurückfallen in alte Muster verhindern? (Kapitel 5: *Umweltverhalten und seine Folgen*)

6. Welche Resultate zeigt die Aktion?

Um die Wirksamkeit einer Aktion einzuschätzen, ist es sehr wichtig, eine systematische Evaluation durchzuführen. Führe ich beispielsweise einen Workshop an der Uni zur Förderung vegetarischer Ernährung durch, könnte ich unmittelbar im Anschluss nach Feedback fragen oder bitten, einen kleinen Fragebogen auszufüllen. Ich könnte auch beobachten, ob sich daraufhin mehr Studierende für die vegetarische Mensa entscheiden. Die Evaluation kann sowohl direkt nach der Aktion als auch in einem zeitlichen Abstand zu ihr stattfinden, je nachdem, ob ich mich eher für kurz- oder langfristige Wirkungen interessiere.

In einem Vorher-Nachher-Vergleich könnt ihr z. B. die folgenden Punkte erfassen und damit den Erfolg eurer Aktion bewerten:

- ○ Gibt es eine Veränderung bei den Modellkomponenten, auf die die Aktion abzielt?
- ○ Gibt es eine Veränderung beim tatsächlichen Umweltschutzverhalten?
- ○ Welche Verbesserungen oder Verschlechterungen für die Umwelt resultieren daraus?
- ○ Gibt es eine Veränderung in der Lebensqualität der Teilnehmenden?
- ○ Wie sieht die direkte Einschätzung und Rückmeldung der Teilnehmenden zur Aktion aus?

10

Mein Umweltpsychologie-Canvas

Von der Theorie zur Praxis

Bei der Planung von Umweltschutzaktionen verschwimmen häufig Bauchgefühl und Wissen. Ein Vorgehen in kleinen Schritten erleichtert es euch, das dazugewonnene Wissen richtig einzusetzen. Um die passenden Maßnahmen für die richtigen Zielgruppen zu finden, hat sich der Canvas bewährt. Der Umweltpsychologie-Canvas hilft euch bei der Planung von Umweltschutzaktionen. Er ist eine Alternative bzw. Ergänzung zu den Leitfragen aus Kapitel 9 und soll ein kreatives Brainstorming alleine oder in der Gruppe ermöglichen. An einem Beispiel könnt ihr euch zunächst anschauen, wie das aussehen kann. Auf den darauffolgenden Seiten findet ihr Platz zum Schreiben in eurem eigenen Canvas.

Den Umweltpsychologie-Canvas (engl. »Leinwand«) könnt ihr verwenden, um eine Aktion zu planen und dabei euer umweltpsychologisches Wissen anzuwenden.

⊖ Die Aktion planen

Wenn ihr mit dem Canvas arbeiten wollt, könnt ihr z. B. so vorgehen:

- **Im ersten Schritt** formuliert ihr euer Ziel und konkretisiert das Verhalten und die Maßnahme, um die es gehen soll. Die Fragen auf der nächsten Seite unterstützen euch dabei.

- **Im nächsten Schritt** wird der Canvas mit allen Ideen gefüllt, die euch für die einzelnen Modellkomponenten einfallen. Lasst dabei ruhig eurer Kreativität freien Lauf.

- **Im letzten Schritt** fasst ihr eure Ergebnisse zusammen. Dies könnt ihr beispielsweise tun, indem ihr die Haupterkenntnisse farbig markiert, die Ideen mit Punkten priorisiert, Verbindungslinien zieht oder vieles mehr.

Auf diese Weise soll euch der Canvas helfen, neue Potentiale zu entdecken, die sich durch das psychologische Wissen ergeben. In euren Aktionen könnt ihr darauf zurückgreifen. Außerdem habt ihr die Möglichkeit, die Vorlage für den Canvas auf der Homepage ↗ www.ipu-ev.de/handbuch herunterzuladen.

Konkretisierung von Verhalten und Aktion im Beispiel

Mein Ziel: Papierverbrauch senken

Mein gewähltes Verhalten: >Bitte keine kostenlose Zeitung & Werbung< -Sticker
⇨ Anbringen. Einmalig. Individuell

Meine Maßnahme: Aufkleber + Nachricht in Briefkaästen werfen

Meine Zielgruppe: Meine Nachbarschaft, eine eher heterogene Gruppe, … Evtl. vor der Aktion mit einbeziehen?

Die Handlungssituation: Meine Nachbar*innen finden Aufkleber und ein freundliches Schreiben im Briefkasten, es ist sehr einfach und bequem, ihn aufzukleben.

Konkretisierung von Verhalten und Aktion

Mein Ziel: ....

....

....

Mein gewähltes Verhalten: ....

....

....

Meine Maßnahme: ....

....

....

Meine Zielgruppe: ....

....

....

Die Handlungssituation: ....

....

....

Die Elemente des Umweltpsychologie-Canvas

Damit die Arbeit mit dem Canvas leichter fällt, sind die einzelnen Modellkomponenten hier noch einmal in Kurzform dargestellt. In kursiver Schrift steht jeweils eine Beispielfrage, die ihr euch dazu stellen könnt.

Persönliche ökologische Norm setzt sich zusammen aus Problembewusstsein, Verantwortungsgefühl und Selbstwirksamkeit.

Problembewusstsein ist die Wahrnehmung, dass unsere natürliche Umwelt bedroht ist.
Ist der Zielgruppe das Problem klar?

Verantwortungsgefühl habe ich, wenn mir bewusst ist, dass mein eigenes Verhalten für Umweltschäden und die Lösung von Umweltproblemen relevant ist.
Fühlt sich die Zielgruppe persönlich verantwortlich?

Selbstwirksamkeit ist die Gewissheit, eine Anforderung mit den eigenen Fähigkeiten meistern zu können.
Wird das Gefühl gefördert, dass die Zielgruppe etwas bewirken kann?

Soziale Normen sind Regeln und Standards, die viele Menschen teilen und die so individuelles Verhalten lenken, ohne dafür Gesetze zu benötigen.
Ist in der Aktion sichtbar, dass eine Gruppe das Verhalten gutheißt und bereits ausführt?

(Verhaltens-)Kosten und Nutzen sind monetäre und verhaltensbezogene Vor- und Nachteile eines Verhaltens. *Lässt sich der Nutzen des Verhaltens erhöhen und hervorheben? Lassen sich die Kosten senken?*

Abwägungsprozess beschreibt das Aufwiegen der Vor- und Nachteile einer Handlung. **Intention** ist die Absicht, sich auf eine bestimmte Weise zu verhalten. *Regt die Aktion dazu an, konkrete Handlungsvorsätze zu entwickeln bzw. bewusst zu formulieren?*

Umweltverhalten ist das Resultat des Zusammenspiels aller Komponenten. Es kann verschiedene Konsequenzen haben.
Wie lässt sich das Verhalten länger aufrechterhalten?

Gewohnheiten sind Handlungen, die durch häufige Wiederholung automatisiert wurden.
Gibt es Momente, in denen die Zielgruppe besonders offen für Neuerungen sein könnte?

Emotionen wie Angst, Schuld oder Freude können Umweltverhalten beeinflussen.
Werden vorwiegend positive Emotionen verwendet und negative nur sparsam und bedacht eingesetzt?

Der Umweltpsychologie-Canvas

Soziale Normen

SOLL-Norm: werden wir auf einer dem Aufkleber beigefügten Nachricht erwähnen

IST-Norm: ist in dem ausgewählten Wohngebiet sehr hoch, da schon viele Nachbar*innen Aufkleber an ihren Briefkästen besitzen

Also: je mehr Nachbar*innen wieder neue Sticker aufkleben, desto stärker wird die IST-Norm :-)

Vorbilder? Gibt es nicht.

Persönliche ökologische Norm

Problem-bewusstsein

... ist wahrscheinlich hoch, da in ganz Deutschland die Auswirkungen von hohem Papierverbrauch bekannt sind.

kann auf dem beigelegten Zettel kurz angerissen werden.

Es braucht  ein ansprechendes Layout um Aufmerksamkeit zu wecken!

Verant-wortungs-gefühl

...Unbekannt

Gewohnheiten

Das Verhalten ist absichtsvoll und nicht automatisch.

Die Zielgruppe soll ihre Gewohnheiten umstellen.

Abwägungsprozess und Intention

Der Abwägungsprozess dauert höchstwahrscheinlich nur sehr kurz an (der Moment, in dem sie den Sticker im Briefkasten finden), evtl. werden sie noch mit Familienmitgliedern oder WG-Bewohner*innen über das Anbringen des Stickers sprechen. Manche Nachbarn*innen

Umweltverhalten und seine Folgen

Wenn wir in dem beigefügten Zettel den Umweltschutz besonders hervorheben, könnte es zu einem Spillover-Effekt kommen und die Personen werden sich evtl. auch in anderen Bereichen langsam umweltschützender verhalten!

Selbst-
wirksamkeit

Unbekannt

Erhöhen wir!
Auf dem beigefügten Zettel werden wir vorrechnen, wie viel pro Haushalt durchschnittlich eingespart werden kann.

Weiteres?
Keine Kompetenzen notwendig ;-)

(Verhaltens-)
Kosten & Nutzen

Pro: Sie müssen den vielen Papiermüll nicht mehr entsorgen, fühlen sich evtl. durch die viele Werbung nicht mehr belästigt.

Kontra: Sie erhalten keine kostenlose Zeitung und Werbung mehr, können keine Schnäppchen mehr suchen, haben evtl. weniger zu lesen, erfahren weniger über lokale Geschehnisse.

Durch das Einwerfen des Aufklebers in den Briefkasten müssen sie sich keinen kaufen oder in ein Ortsteilbüro gehen, dadurch wird das Verhalten bequemer und Verhaltenskosten minimiert.

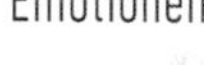

haben sicherlich schon die Absicht, einen derartigen Sticker anzubringen, es nur bisher aus Bequemlichkeitsgründen nicht gemacht.

⇨ Wir könnten eine Liste der Vor- und Nachteile anfertigen, die dann in der beigefügten Nachricht auftaucht.

Emotionen

Das Verhalten ist wahrscheinlich wenig an Emotionen geknüpft. Evtl. fühlen sich Menschen erleichtert, wenn sie sich von den riesigen Papiermengen gestört fühlen.

Ärger über die Papiermengen kann auch dazu führen, den Aufkleber anzubringen.

Der Umweltpsychologie-Canvas

<table>
<tr><td rowspan="2">Soziale Normen</td><td colspan="2">Persönliche ökologische Norm</td></tr>
<tr><td>Problem-
bewusstsein</td><td>Verant-
wortungs-
gefühl</td></tr>
<tr><td rowspan="2">Gewohnheiten</td><td colspan="2">Abwägungsprozess
und Intention</td></tr>
<tr><td colspan="2">Umweltverhalten
und seine Folgen</td></tr>
</table>

		(Verhaltens-) Kosten & Nutzen
	Selbst-wirksamkeit	
		Emotionen

Schlusswort

Falls ihr Fragen habt, Feedback geben oder die Unterstützung von Umweltschutzpsycholog*innen zur Planung eines Projektes heranziehen möchtet, schreibt uns gerne an die Email-Adresse ↗ handbuch@ipu-ev.de Die Autor*innen werden euch mit Rat und Tat zur Seite stehen und bei Bedarf an weitere kompetente Psycholog*innen der *Initiative Psychologie im Umweltschutz* vermitteln. Auf unserer Website ↗ www.ipu-ev.de/handbuch wird das Handbuch ab 2017 zum freien Download verfügbar sein. Falls ihr Interesse habt, mehr über Umweltschutzpsychologie zu erfahren, könnt ihr zum Beispiel auch im Internet die Online-Vorlesung »PsychUp!«[+] besuchen. Wir hoffen sehr, dass euch das Handbuch der Psychologie im Umweltschutz eine gute Hilfestellung gibt, um euer persönliches Engagement für den Umweltschutz weiterzuverbreiten. Gemeinsam können wir eine Gesellschaft mitgestalten, die mit der natürlichen Umwelt besser im Einklang lebt und die zum Glück der Menschen beiträgt. Nutzt das Werkzeug und macht euch an die Arbeit! :)

Danksagung

Bei der Realisation dieses Handbuchs haben uns viele Menschen und Organisationen geholfen. Wir sind sehr dankbar für die Unterstützung und möchten hier einige nennen.

Besonderer Dank gilt Verena Clamor, Jan Eickhoff, Prof. Andreas Ernst, Friedrich Herrmann, Eva Junge, Charlotte Löwer, Ivette Löwer, Christiane Ludwig, Thorsten Müller, Sebastian Neubert, Benjamin Ryba, Benedikt Seger, Mandy Singer-Brodowski, Julia Steinhorst, Luzia Walsch, Karsten Valerius und Luise Willborn.

\+ ↗ *www.psychup2012.wordpress.com*

Unser Dank geht auch an unsere Partner*innen, die das Handbuch finanziell fördern: die *Ernst-Abbe-Stiftung*, die Stiftung *Forum für Verantwortung* und das Umweltreferat des StuRa der Friedrich-Schiller-Universität Jena.

Liste der Unterstützer*innen

Schließlich hat eine erfolgreiche Crowdfunding-Kampagne die Realisierung des Handbuches möglich gemacht. Wir danken den 234 Unterstützer*innen, die uns mit Beiträgen zwischen fünf und fünfhundert Euro fördern. Insgesamt kamen 6.460 Euro zusammen! Folgende Unterstützer*innen haben das Handbuch mit mindestens 50 Euro gefördert:

- Rüdiger Baumann
- Rene Beele
- Paul Vincent Beigang von SenseDriven
- Christiane Brück
- Michael Danner
- Heidi Deselaers
- e-fect dialog evaluation consulting eG
- Corinna Fischer
- Sabine und Bernd Hamann
- Lennart Hamann
- Hans-Joachim Heuzeroth
- Hannelore und Gerhard Löschinger
- Karen und Hermann Löschinger
- Nina von Mallinckrodt
- Marie Möller
- Hans-Jochen Müller
- Piratenpartei Sachsen
- Kevin Reinholz
- Jens Rottkewitz
- Benjamin Ryba
- Dr. Dirk Scheffler
- Sabine Wahler
- Peter Weißhuhn
- Adrian Ziemann

Die Autor*innen

Die **Initiative Psychologie im Umweltschutz** (IPU) **e.V.** ist ein anerkannt gemeinnütziger Verein, der sich als Netzwerk organisiert und dessen über 300 Mitglieder sich über das gesamte Bundesgebiet, Österreich und die Schweiz verteilen. Ihre Mitglieder sind in den Bereichen Psychologie und Nachhaltigkeit tätig. Ziel der IPU e.V. ist die Förderung des Umweltschutzes und einer nachhaltigen Entwicklung mit den Mitteln der Psychologie. Seit ihrer Gründung 1993 in Konstanz haben sich in verschiedenen Städten vorwiegend studentische Lokalgruppen und Arbeitskreise gebildet. Die IPU e.V. beruht auf einem demokratischen und egalitären Grundverständnis. Ihre Mitglieder verbinden Kreativität, Engagement und wissenschaftliche Expertise. Informationen findet ihr auf der Homepage: ↗ www.ipu-ev.de

Karen Hamann. Die Autorin und Initiatorin des Handbuchs studiert derzeit an der Friedrich-Schiller-Universität (FSU) Jena im Master Psychologie. Sie ist Vorstandsvorsitzende der IPU e.V., Coach von universitären Nachhaltigkeitsinitiativen beim netzwerk n e.V., ehemalige Umweltreferentin des StuRa der FSU Jena und organisiert die Jenaer Umweltpsychologie-Lokalgruppe. Während Praktika im Umweltforschungszentrum Leipzig und dem Umweltbundesamt beschäftigte sie sich intensiv mit nachhaltigen Lebensstilen, Umweltbewusstsein und den Key Points des Umweltverhaltens. Die erste Textversion des Handbuchs verfasste die Autorin während ihres sozialen und ökologischen Freiwilligendienstes.

Anna Baumann. Die Co-Autorin hat in Lüneburg Umwelt- und Nachhaltigkeitswissenschaften studiert. Sie ist Expertin für Umweltkommunikation, langjähriges Mitglied der IPU e.V. und engagiert sich in der Lebensmittelkooperative »Koko«. Außerdem ist sie Moderatorin für Kinder- und Jugendbeteiligung und Mitglied im Bundesnetzwerk Kinder- und Jugendbeteiligung des Deutschen Kinderhilfswerks.

Daniel Löschinger. Der Co-Autor hat Psychologie an der FSU Jena und der Pennsylvania State University studiert. Im Rahmen seines Masterstudiums widmete er sich intensiv der Umweltpsychologie und absolvierte ein mehrmonatiges Forschungspraktikum in der Abteilung Umweltpsychologie der Otto-von-Guericke-Universität (OvGU) Magdeburg. Als langjähriges

V.l.n.r.: Karen Hamann, Daniel Löschinger, Anna Baumann, Andreas Bauermeister

Mitglied der IPU e.V. engagiert er sich für die erfolgreiche Jenaer Lokalgruppe und bringt sich mit zahlreichen Beiträgen in die Kongresse des Vereins ein.

Andreas Bauermeister arbeitet in Weimar freiberuflich als Grafikdesigner für nachhaltige Gestaltung und Strategie-Entwicklung. Er ist Mitglied im Netzwerk Wachstumswende, Netzwerk Solidarische Landwirtschaft und aktives Mitglied der Transition-Town Bewegung.

Prof. Dr. Ellen Matthies ist eine führende Umweltpsychologin in Deutschland. Sie ist Professorin für Umweltpsychologie an der OvGU Magdeburg und war Gastgeberin der 10. internationalen Umweltpsychologie-Konferenz im August 2013. Seit Mai 2013 ist sie Mitglied im Wissenschaftlichen Beirat der Bundesregierung Globale Umweltveränderungen (WBGU). Sie unterstützt das Handbuch mit einem Vorwort.

Dr. Gerhard Reese ist Umwelt- und Sozialpsychologe und vertritt das Fach Umweltpsychologie an der Universität Koblenz-Landau (Professur für Umweltpsychologie). Er forscht und lehrt umweltpsychologische Themen und organisiert regelmäßig internationale Workshops zur Rolle der Psychologie im Umwelt- und Naturschutz. Zudem ist er aktiver Unterstützer der Jenaer Umweltpsychologie-Lokalgruppe und hat das Handbuch unter wissenschaftlichen Aspekten korrigiert.

Anhang

Literaturtipps

In diesem Handbuch wurde für euch kurz und knapp das wichtigste Praxiswissen über die Psychologie im Umweltschutz zusammengestellt. Ihr findet die liebsten Werke der Autor*innen zum Thema Umweltschutzpsychologie in der nachfolgenden Liste:

- *Conservation psychology: Understanding and promoting human care for nature* von Clayton und Myers (2009)
- *Meeting environmental challenges: The role of human identity* von Crompton und Kasser (2009). Kostenlos erhältlich auf der Website: ↗ http://valuesandframes.org/downloads
- **Besondere Empfehlung:** *Psychology for a Better World* von Harré (2011). Kostenlos erhältlich auf: ↗ http://psych.auckland.ac.nz/psychologyforabetterworld
- *The psychology of environmental problems: Psychology for sustainability* von Koger und Winter (2010)
- *Environmental psychology: An introduction* von Steg, Van den Berg und De Groot (2012)

Die für dieses Handbuch getroffene Auswahl an psychologischem Wissen ist natürlich nicht vollständig. Daher findet ihr hier einige Lesetipps für weitere Themenfelder, nämlich *Identität*, *Risikowahrnehmung* und *Werte*, die in der Umweltschutzpsychologie als sehr relevante Faktoren betrachtet werden.

- **Werte:** *Common cause for nature. A practical guide to values and frames in conservation* von Blackmore, Underhill, McQuilkin, Leach und Holmes (2013). Kostenlos erhältlich auf: ↗ http://valuesandframes.org/initiative/nature

- **Risikowahrnehmung:** *Environmental problems and human behavior* von Gardner und Stern (2002)

- **Identität:** *Psychology for a Better World* von Harré (2011). Kostenlos erhältlich auf: ↗ http://psych.auckland.ac.nz/psychologyforabetterworld

Bei der Recherche zu diesem Handbuch sind auch einige Dokumente in englischer Sprache aufgetaucht, die ähnliche Zusammenfassungen wie dieses Handbuch geben und im Internet kostenlos erhältlich sind:

- *Promoting sustainable behavior. A guide to successful communication* von James (2010). ↗ http://sustainability.berkeley.edu/sites/default/files/Promoting_Sustain_Behavior_Primer.pdf

- *The psychology of sustainable behavior: Tips for empowering people to take environmentally positive action* von Manning (2009). ↗ http://www.pca.state.mn.us/index.php/view-document.html?gid=12949

- *Fostering sustainable behavior: Community-based social marketing* von McKenzie-Mohr (2012). ↗ http://www.bard.edu/campus/departments/sustainability/webresources/index.php?action=getfile&id=2195674

Literaturverzeichnis

1 Abrahamse, W., Steg, L., Vlek, C. & Rothengatter, J. A. (2005). A review of intervention studies aimed at household energy conservation. *Journal of Environmental Psychology, 25*, 273–291.

2 Ajzen, I. (1991). The theory of planned behavior. *Organizational Behavior and Human Decision Processes, 50*, 179–211.

3 Bamberg, S. (2002). Effects of implementation intentions on the actual performance of new environmentally friendly behaviours – results of two field experiments. *Journal of Environmental Psychology, 22*, 399–411.

4 Bamberg, S. (2013). Changing environmentally harmful behaviors: A stage model of self-regulated behavioral change. *Journal of Environmental Psychology, 34*, 151–159.

5 Bamberg, S. & Möser, G. (2007). Twenty years after Hines, Hungerford, and Tomera: A new meta-analysis of determinants of pro-environmental behaviour. *Journal of Environmental Psychology, 27*, 14–25.

6 Bandura, A. (1991). Social cognitive theory of self-regulation. *Organizational Behavior and Human Decision Processes, 50*, 248–287.

7 Barth, M., Jugert, P. & Fritsche, I. (2016). Still underdetected – social norms and collective efficacy predict the acceptance of electric vehicles in Germany. *Transportation Research Part F, 37*, 64–77.

8 Bator, R. J. & Cialdini, R. B. (2000). The application of persuasion theory to the development of effective pro-environmental public service announcements. *Journal of Social Issues, 56*, 527–541.

9 Becker, L. J. (1978). Joint effect of feedback and goal setting on performance: A field study of residential energy conservation. *Journal of Applied Psychology, 63*, 428–433.

10 Bilharz, M. (2009). *Key Points nachhaltigen Konsums. Ein strukturpolitisch fundierter Strategieansatz für die Nachhaltigkeitskommunikation im Kontext aktivierender Verbraucherpolitik.* Marburg: Metropolis.

11 Blackmore, E., Underhill, R., McQuilkin, J., Leach, R. & Holmes, T. (2013). *Common Cause for Nature. A Practical Guide to Values and Frames in Conservation.* Entnommen am 14.03.2016 von http://valuesandframes.org/initiative/nature

12 Brehm, J. (1972). *Responses to Loss of Freedom: A Theory of Psychological Reactance.* New York: General Learning Press.

13 Carnevale, P. J. D. & Isen, A. M. (1986). The influence of positive affect and visual access on the discovery of integrative solutions in bilateral negotiation. *Organizational Behavior and Human Decision Processes, 37,* 1–13.

14 Cialdini, R. B. (2003). Crafting normative messages to protect the environment. *Current Directions in Psychological Science, 12,* 105–109.

15 Cialdini, R. B., Reno, R. R. & Kallgren, C. A. (1990). A focus theory of normative conduct: Recycling the concept of norms to reduce littering in public places. *Journal of Personality and Social Psychology, 58,* 1015–1026.

16 Clayton, S. & Myers, G. (2009). *Conservation Psychology: Understanding and promoting human care for nature.* West Sussex, UK: Wiley-Blackwell.

17 Cook, J. & Lewandowsky, S. (2011). *The Debunking Handbook.* St. Lucia, Australia University of Queensland. Entnommen am 14.03.2016 von www.skepticalscience.com/docs/Debunking_Handbook_German.pdf

18 Crompton, T. & Kasser, T. (2009). *Meeting environmental challenges: The role of human identity.* Entnommen am 14.03.2016 von http://valuesandframes.org/downloads

19 Daamen, D. D. L, Staats, H., Wilke, H. A. M. & Engelen, M. (2001). Improving environmental behavior in companies. The effectiveness of tailored versus nontailored interventions. *Environment and Behavior, 33,* 229–248.

20 De Young, R. (1996). Some psychological aspects of reduced consumption behavior: The role of intrinsic satisfaction and competence motivation. *Environment and Behavior, 28,* 358–409.

21 Dwyer, W. O., Leeming, F. C., Cobern, M. K., Porter, B. E. & Jackson, J. M. (1993). Critical review of behavioral interventions to preserve the environment: Research since 1980. *Environment and Behavior, 25,* 275–321.

22 Edelmann, W. & Wittmann, S. (2012). *Lernpsychologie* (7. Aufl.). Weinheim: Beltz PVU.

23 Elliott, M. A. & Armitage, C. J. (2006). Effects of implementation intentions on the self-reported frequency of drivers' compliance with speed limits. *Journal of Experimental Psychology: Applied, 12,* 108–117.

24 Eriksson, L., Garvill, J. & Nordlund, A. M. (2008). Interrupting habitual car use: The importance of car habit strength and moral motivation for personal car use reduction. *Transportation Research Part F: Traffic Psychology and Behaviour, 11*, 10–23.

25 Festinger, L. (1957). *A theory of cognitive disonance.* Evanston, IL: Row, Peterson.

26 Fritsche, I., Jonas, E. & Frankhänel, T. (2008). The role of control motivation in mortality salience effects on ingroup support and defense. *Journal of Personality and Social Psychology, 95*, 524–541.

27 Fujii, S. & Gärling, T. (2003). Development of script-based travel mode choice after forced change. *Transportation Research, 6*, 117–124.

28 Gardner, G. T. & Stern, P. C. (2002). *Environmental problems and human behavior.* Boston, MA: Pearson Custom Pub.

29 Geller, E. S. (1995). Actively caring for the environment: An integration of behaviorism and humanism. *Environment and Behavior, 27*, 184–195.

30 Geller, E. S., Winett, R. A. & Everett, P. B. (1982). *Preserving the Environment: New Strategies for Behavior Change.* Elmsford, NY: Pergamon.

31 Gifford, R. D. (2014). Environmental psychology matters. *Annual Review of Psychology, 65*, 541–579.

32 Greenberg, J., Koole, S. & Pyszczynski, T. (2004). *Handbook of Experimental Existential Psychology.* New York: Guilford Press.

33 Hamann, K. R. S., Reese, G., Seewald, D. & Loeschinger, D. C. (2015). Affixing the theory of normative conduct (to your mailbox): Injunctive and descriptive norms as predictors of anti-ads sticker use. *Journal of Environmental Psychology, 44*, 1–9.

34 Harland, P., Staats, H. & Wilke, H. (1999). Explaining proenvironmental intention and behavior by personal norms and the theory of planned behavior. *Journal of Applied Social Psychology, 29*, 2505–2528.

35 Harré, N. (2011). *Psychology for a Better World.* Auckland Department of Psychology, University of Auckland. Entnommen am 14.03.2016 von https://www.psych.auckland.ac.nz/psychologyforabetterworld

36 Herring, H. & Sorrell, S. (2008). *Energy Efficiency and Sustainable Consumption: Dealing with the Rebound Effect.* Basingstoke, UK: Palgrave Macmillan.

37 Hines, J. M., Hungerford, H. R. & Tomera, A. N. (1987). Analysis and synthesis of research on responsible environmental behavior: A meta-analysis. *Journal of Environmental Education, 18*, 1–8.

38 Homburg, A. & Stolberg, A. (2006). Explaining pro-environmental behavior with a cognitive theory of stress. *Journal of Environmental Psychology, 26*, 1–14.

39 Homburg, A., Stolberg, A. & Wagner, W. (2007). Coping with global environmental problems: Development and first validation of scales. *Environment and Behavior, 39*, 754–778.

40 Hunecke, M. (2013). *Psychische Ressourcen zur Förderung nachhaltiger Lebensstile.* Denkwerk Zukunft. Entnommen am 14.03.2016 von www.denkwerkzukunft.de/downloads/MemoPsycho.pdf

41 James, R. (2010). *Promoting Sustainable Behavior. A Guide to Successful Communication.* Office of Sustainability, University of California, Berkeley. Entnommen am 14.03.2016 von http://sustainability.berkeley.edu/sites/default/files/Promoting_Sustain_Behavior_Primer.pdf

42 Jonas, K., Stroebe, W. & Hewstone, M. (2007). *Sozialpsychologie: Eine Einführung* (5. Aufl.). Heidelberg: Springer.

43 Kasser, T. (2005). Frugality, generosity, and materialism in children and adolescents. In K. A. Moore & L. H. Lippman (Eds.). *What do Children Need to Flourish? Conceptualizing and Measuring Indicators of Positive Development* (pp. 357–373). New York: Springer Science.

44 Kazdin, A. (2009). Psychological science's contributions to a sustainable environment. Extending our reach to a grand challenge of society. *American Psychologist, 64*, 339–356.

45 Khoury, B., Sharma, M., Rush, S. E. & Fournier, C. (2015). Mindfulness-based stress reduction for healthy individuals: A meta-analysis. *Journal of Psychosomatic Research, 78*, 519–528.

46 Kleinhückelkotten, S., Moser, S. & Neitzke, H.-P. (2016). *Repräsentative Erhebung von Pro-Kopf-Verbräuchen natürlicher Ressourcen in Deutschland (nach Bevölkerungsgruppen).* Dessau-Roßlau: Umweltbundesamt.

47 Lehman, P. K. & Geller, E. S. (2004). Behavioral analysis and environmental protection accomplishments and potential for more. *Behavior and Social Issues, 13*, 13–32.

48 Lertzman, R. (2008). The myth of apathy. *Ecologist, 19*, 16–17.

49 Mandel, N. & Heine, S. J. (1999). Terror management and marketing: He who dies with the most toys wins. *Advances in Consumer Research, 26*, 527–532.

50 Marshall, G. (2007). *Carbon Detox: Your Step-by-Step Guide to Getting Real About Climate Change.* London: Gaia.

51 Matthies, E. (2005). Wie können PsychologInnen ihr Wissen besser an die PraktikerIn bringen? Vorschlag eines neuen integrativen Einflussschemas umweltbewussten Alltagshandelns. *Umweltpsychologie, 9*, 62–81.

52 Michie, S., Johnston, M., Francis, J., Hardeman, W. & Eccles, M. (2008). From theory to intervention: Mapping theoretically derived behavioural determinants to behaviour change techniques. *Applied Psychology, 57*, 660–680.

53 Midden, C., Kaiser, F. & McCalley, T. (2007). Technology's four roles in understanding individuals' conservation of natural resources. *Journal of Social Issues, 63*, 155–174.

54 Mosler, H.-J. (2012). A systematic approach to behavior change interventions for the water and sanitation sector in developing countries: a conceptual model, a review, and a guideline. *International Journal of Environmental Health Research, 22*, 431-449.

55 Norgaard, K. M. (2006). People want to protect themselves a little bit: Emotions, denial and social movement nonparticipation. *Sociological Inquiry, 76*, 372–396.

56 Olli, E., Grendstad, G. & Wollebaek, D. (2001). Correlates of environmental behaviors: Bringing back social context. *Environment and Behavior, 33*, 181–208.

57 Osbaldiston, R. & Schott, J. (2012). Environmental sustainability and behavioral science: Meta-analysis of pro-environmental behavior experiments. *Environment and Behavior, 44*, 257–299.

58 Pallak, M. S., Cook, D. A. & Sullivan, J. J. (1980). Commitment and energy conservation. *Applied Social Psychology Annual, 1*, 235–53.

59 Peters, A., Marth, H., Semmling, E., Kahlenborn, W. & de Haan, P. (2015). *Rebound-Effekte: Ihre Bedeutung für die Umweltpolitik.* adelphi consult. Dessau-Roßlau: Umweltbundesamt.

60 Pichert, D. & Katsikopoulos, K. V. (2008). Green defaults: Information presentation and pro-environmental behaviour. *Journal of Environmental Psychology, 28*, 63–73.

61 Potreck-Rose, F. & Jacob, G. (2003). *Selbstzuwendung, Selbstakzeptanz, Selbstvertrauen. Psychotherapeutische Interventionen zum Aufbau von Selbstwertgefühl* (2. Aufl.). Stuttgart: Klett-Cotta.

62 Prochaska, J. O. & DiClemente, C. C. (1983). Stages and processes of self-change of smoking: toward an integrative model of change. *Journal of Consulting and Clinical Psychology, 51*, 390–395.

63 Reese, G. & Jacob, L. (2015). Principles of environmental justice and pro-environmental action: A two-step process model of moral anger and responsibility to act. *Environmental Science and Policy, 51*, 88–94.

64 Rockström, J., Steffen, W., Noone, K., Persson, A., Chapin, F. S., Lambin, E. F. & Foley, J. A. (2009). A safe operating space for humanity. *Nature, 461*, 472–475.

65 Salas, E., Tannenbaum, S. I., Kraiger, K. & Smith-Jentsch, K. A. (2012). The science of training and development in organizations. What matters in practice. *Psychological Science in the Public Interest, 13*, 74–101.

66 Schultz, P. W. (2014). Strategies for promoting proenvironmental behavior: Lots of tools but few instructions. *European Psychologist, 19*, 107–117.

67 Schultz, P. W., Nolan, J., Cialdini, R., Goldstein, N. & Griskevicius, V. (2007). The constructive, destructive, and reconstructive power of social norms. *Psychological Science, 18*, 429–434.

68 Schwartz, S. H. (1977). Normative influences on altruism. In L. Berkowitz (Ed.), *Advances in experimental social psychology* (Vol. 10, pp. 222–280). New York: Academic Press.

69 Schwartz, S. H. (1992). Universals in the content and structure of values: Theoretical advances and empirical tests in 20 countries. In M. Zanna (Ed.), *Advances in experimental social psychology* (Vol. 25, pp. 1–65). Orlando, FL: Academic Press.

70 Schwartz, S. H. & Howard, J. A. (1981). A normative decision-making model of altruism. In J. P. Rushton & R. M. Sorrentino (Eds.), *Altruism and Helping Behavior* (pp. 189–211). Hillsdale: Erlbaum.

71 Sheeran, P. (2002). Intention–behavior relations: A conceptual and empirical review. *European R eview of Social Psychology, 12*, 1–36.

72 Sia, A. P., Hungerford, H. R. & Tomera, A. N. (1985). Selected predictors of responsible environmental behavior: An analysis. *Journal of Environmental Education, 17*, 31–40.

73 Spence, A., Pidgeon, N. F. & Uzzell, D. (2009). Climate change – psychology's contribution. *The Psychologist, 22*, 108–111.

74 Steg, L. & Vlek, C. (2009). Encouraging pro-environmental behavior: An integrative research agenda. *Journal of Environmental Psychology, 29*, 309–317.

75 Steg, L., Van den Berg, A. E. & De Groot, J. I. M. (2012). *Environmental psychology: An introduction.* Oxford, UK: John Wiley & Sons.

76 Stephan, W. G. & Stephan, C. W. (2000). An integrated threat theory of prejudice. In S. Oskamp (Ed.) *Reducing Prejudice and Discrimination* (pp. 23–45). Mahwah, NJ: Erlbaum.

77 Stich, A. & Wagner, T. (2012). Fooling yourself: The role of internal defense mechanisms in unsustainable consumption behavior. *Advances in Consumer Research, 40*, 408–416.

78 The City of Copenhagen (2015). *Copenhagen City of cyclists. The bicycle account 2014*. Entnommen am 19.03.2016 von http://www.cycling-embassy.org.uk/sites/cycling-embassy.org.uk/files/documents/Copenhagens-Biycle-Account-2014.pdf

79 Van Houwelingen, J. T. & van Raaij W. F. (1989). The effect of goal setting and daily electronic feedback on in-home energy use. *Journal of Consumer Research, 16*, 98–105.

80 Wood, W., Quinn, J. M. & Kashy, D. A. (2002). Habits in everyday life: Thought, emotion, and action. *Journal of Personality and Social Psychology, 83*, 1281–1297.

Schlagwortregister

Die Seitenzahlen geben an, auf welcher Seite der entsprechende Begriff erklärt bzw. eingeführt wird.

HOCHSCHULEN IN NACHHALTIGER ENTWICKLUNG GESTALTEN

Wer wir sind:

Wir engagieren uns für die Transformation der Hochschulen im Sinne einer nachhaltigen Entwicklung in den Bereichen Lehre, Forschung, Governance und Betrieb. Dazu bringen wir vor allem Studierende, aber auch Promovierende und andere Akteure der Hochschullandschaft zusammen.

Wandercoaching:

Wir bieten Euch als (studentische) Nachhaltigkeitsinitiative eine kostenlose mehrmonatige Begleitung durch zwei Wandercoaches an. Dabei bildet Ihr Euch inhaltlich zum Thema „Hochschule in nachhaltiger Entwicklung" weiter, arbeitet an Eurer Vision für eine Hochschule in nachhaltiger Entwicklung und lernt Euch als Gruppe besser kennen.

Online-Plattform:

plattform 

Online organisieren sich unterschiedlichste Initiativen, Projekte und Einzelpersonen. Dazu bietet die plattform n zahlreiche Werkzeuge und Möglichkeiten. Ihr könnt u.a. Neuigkeiten austauschen, Dateien hochladen, gleichzeitig an Dokumenten arbeiten, einen Kalender erstellen, Termine abstimmen und Aufgaben verwalten.